Inteligencia Emotional

Mejore Usted Y Su Aprendizaje Con Inteligencia Emocional, Haga Una Vida Mejor, Tenga Éxito En El Trabajo Y Mejore Sus Habilidades Sociales

By

Robert Handler

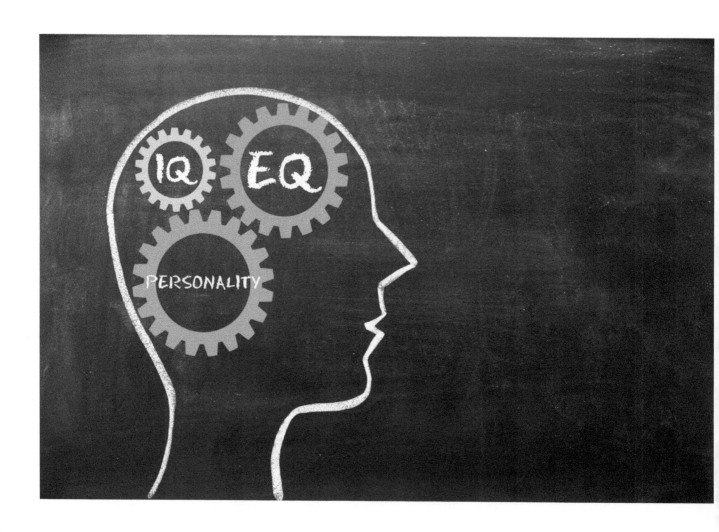

Índice

PENSAMIENTO EXCESIVO

NERVIO VAGO

1. Trastorno de pánico Hay momentos en los que un individuo experimenta ataques de pánico que son consistentes e inesperados. La definición común de lo que son los ataques de pánico es; son oleadas que aparecen abruptamente a un individuo que están llenas de niveles intensos de miedos. Estos ataques de pánico pueden alcanzar su punto álgido en un par de segundos. Las personas que sufren de esta condición tienden a dejar su vida en la forma máxima de miedo debido a los ataques de pánico. Hay varias maneras de que un individuo puede saber si él o ella está sufriendo de ataques de pánico. Es probable que una persona sufra de ataques de pánico si siente una abrumadora sensación de terror que no tiene ninguna causa obvia para ello. También hay síntomas físicos que caracterizan los ataques de

CHAPTER 8. ASOCIACIÓN DEL NERVIO VAGO CON EL ESTRÉS Y EL TRASTORNO DE ESTRÉS CRÓNICO 161

CHAPTER 9. CONEXIÓN ENTRE CUERPO Y MENTE

CHAPTER 10. EL PODER CURATIVO NATURAL DE TU CUERPO CON EJERCICIOS Y TÉCNICAS DE AUTOAYUDA

CHAPTER 11. INSTRUCCIONES PASO A PASO PARA FORTALECER SU NERVIO VAGO PARA MEJORAR TODO SU CUERPO

CHAPTER 12. CONCLUSIÓN:

PENSAMIENTO EXCESIVO

A Complete Guide Sobre Cómo Dejar De Preocuparse, Reducir Su Ansiedad, Eliminar El Pensamiento Negativo, Ordenar Su Mente Y Concentrarse En El Present

Por

Robert Handler

Introducción

No es difícil caer en el artificio de pensar demasiado en cosas menores a lo largo de la vida cotidiana. Así que, cuando estés contemplando algo, hazte las preguntas necesarias a ti mismo. Se ha descubierto a través de una exploración que extender el punto de vista utilizando estas preguntas directas puede sacarte rápidamente del exceso de pensamiento.

Esfuérzate por establecer breves límites de tiempo para las elecciones. Así que, averigua cómo ser mejor en el establecimiento de oportunidades y en la fijación de fechas de vencimiento en tu vida cotidiana. Independientemente de cuando es una pequeña o más excelente elección.

Ser una persona de movimiento. Cuando entiendas cómo en primer lugar hacer un movimiento de forma fiable, entonces esperarás menos pensando demasiado. Establecer fechas de vencimiento es una cosa que te ayudará a ser una persona de actividad.

Parada estatal en una condición en la que entiendes que no puedes pensar con claridad. De vez en cuando, cuando estás avaricioso o cuando estás acostado en la cama y vas a descansar, por los pensamientos negativos empiezas a murmurar en tu mente.

Haz lo que sea necesario para no terminar agitado por una vaga sensación de inquietud. Otra trampa en la que has caído normalmente que te ha impulsado a pensar demasiado es que has perdido todo sentido de dirección en dudosos sentimientos de miedo sobre una circunstancia de tu vida. Por lo tanto, tu mente enloquecida ha creado situaciones de fiasco sobre lo que podría ocurrir si logras algo. ¿Qué es lo más terrible que podría ocurrir? Deberías averiguar cómo plantearte esta pregunta a ti mismo.

Invierte la gran mayoría de tu energía ahora mismo. Esté ahora mismo en su existencia diaria normal en lugar de antes o en un futuro concebible. Dificultar la forma en que haces lo que sea que estés haciendo bien en este momento. Muévete más despacio, habla más despacio, o monta en bicicleta de forma más gradual, por ejemplo. Haciendo esto, te vuelves cada vez más consciente de cómo utilizas tu cuerpo y de lo que está pasando a tu alrededor en este momento.

Esfuérzate por invertir la parte más significativa de tu energía en individuos que no piensan más. Su condición social tiene una influencia considerable. Descubre enfoques para gastar la parte más sustancial de tu energía y consideración con la población en general y fuentes que los efectos afectan a tu razonamiento.

Contrarrestando el exceso de pensamiento: Un paso hacia una vida mejor

Así que, supongamos que estás en un evento social, rodeado de socios y clientes, y has visto a alguien con quien realmente necesitas conversar. Quizás esté relacionado con los negocios, o necesites desarrollar lazos personales. Como es, se establece un borrador psicológico de lo que se debe declarar, como se hace y significa para cumplir con ellos, sin embargo, un escalofrío en la parte posterior de la cabeza te deja sin palabras. Considere la posibilidad de que ellos prefieran no conversar con usted. Imagine un escenario en el que la línea específica de discusión no funciona. ¿O incluso resulta mal? Tu temor hace una especie de impacto de dominó, y empiezas a pensar en lo más terrible que podría ocurrir como lo ineludible. Con cada idea, se maniobra más dentro de los enredados restos de perplejidad dentro de su psique, y esto, eventualmente, lo hace incapaz de tratar de hablar por más tiempo. En ese punto, observas como alguien más se involucra en la discusión con el tema: una puerta abierta perdida.

El exceso de pensamiento y la tensión resultante, aunque demuestra ser un obstáculo considerable en la vida social y personal, es además escandalosamente normal y para cada persona que es un individuo herido por ello, se convierte en la razón de circunstancias perdidas y minutos que uno lamentaría más tarde. En cualquier caso, con un par de ensayos diarios y un estado de ánimo decodificado, tiende a ser derrotado eficazmente.

Agradecimiento

El paso inicial hacia el manejo de la sobrecarga y la tensión desmesurada es tolerar el tema, en cualquier caso. Directamente después de esto, ¿tendría la opción de sentirse libre para resolverlo? En cualquier caso, si bien es importante darse cuenta de que usted es un remunerador, es igualmente indispensable que comprenda que no es el único en la circunstancia y que no hay motivación para congelarse. Pensar demasiado es algo común entre muchos individuos hoy en día, y casi seguro que usted lo superaría con un comportamiento inspirador.

El mejor minuto es el minuto presente.

Un buen precedente es relajante. Se sorprendería de lo mucho que esto hace la diferencia. Cierra los ojos y respira hondo durante varios minutos. Observar intensamente y tomar respiraciones completas ayuda a tirar de ti en el minuto presente y ayuda a despejar tu cabeza.

Otro buen precedente es reflexionar sobre el cuidado de los ensayos. El pensamiento esencial es permanecer callado y sólo enfocar todo lo que está a su alrededor con atención, y esto ha hecho algunas cosas increíbles para muchos individuos. Sólo una vez al día, cierra los ojos e intenta abarcar la totalidad de tu entorno. Sintoniza tus consideraciones; sin embargo, no te "conectes" con ellas, e inevitablemente, puedes intentar reducir su "volumen".

A pesar de eso, retrocede. Haz todo lo que haces con plena conciencia de que lo estás haciendo. Intenta y describe para ti mismo cada progreso que hagas, y date el poder de ver tu entorno. Esto también te ayudará a permanecer en este momento.

Asegúrate

En el momento en que se llena hasta el tope de confianza y gusto por uno mismo, se desarrolla una perspectiva positiva. Terminarías siendo menos propenso a pensar en exceso; así, todo lo que haces o dices termina siendo mejorado. Lo primero que puedes hacer es ocuparte. Estructurar un arreglo de lo que se va a lograr para la tarde y seguir siendo rentable. Hacer cosas protege tu cerebro de desviarse, y a pesar de eso, completar cosas resulta en una extraordinaria elevación en la certeza a través de un sentimiento de logro. También deberías intentar y lograr algo que eres genial de todas formas una vez al día. Independientemente de si eres un especialista en tocar un instrumento o tienes una habilidad extraordinaria para un juego de computadora, toma un descanso de tu calendario y hazlo. Será una ayuda increíble.

Otro cambio de vida que puede hacer es falsificarlo. Esto puede sonar duro, pero funciona de manera extraordinaria. Imagina que eres un personaje que conoces, que es listo, inteligente y seguro de sí mismo. Tal vez conozcas a uno de un programa de televisión, una película o un libro. Siéntete libre de transmitir todo lo que afirmes con certeza, sin importar si no sabes de ello, o si estás en pánico. Verás que a medida que lo falsificas en una medida cada vez mayor, al final, adquieres esa confianza, en la actualidad.

Ríndete.

Esforzarse por controlar cada uno de los resultados increíbles es, sin duda, el motor fundamental para la compensación. Ya que cuando lo haces, también estás destinado a considerar ardientemente qué hacer en cada instantánea de tu vida en el temor de lo que podría ocurrir de inmediato. Lo mejor que puedes hacer es persuadirte de no hacerlo. Entienda que no tiene nada que ver con lo que sucede en su vida, y, por lo tanto, no hay motivación para estresarse por ello. El universo tiene tu destino elegido, así que debes aprovechar al máximo cada minuto. Intenta entender esto antes de hacer cualquier cosa que puedas fallar, y te ayudará a dejar de pensar en exceso y a ocuparte de los asuntos.

Otra cosa que puedes hacer es hacer asignaciones de tiempo explícitas para decidir cualquier opción. Independientemente de si se trata de proceder a conversar con alguien o de decisiones de vida más significativas que pueden obligarte a pensar demasiado. Pausa por un momento para los pequeños y un par de días para los más grandes en la vida y no más. Esto te empujaría a sondear una opción normalmente e investigar para decidir la decisión ideal. Cuando decidas sobre una oportunidad, acércate y haz lo que sea necesario. Puede asustar, pero al final lo verás remunerado.

Al final del día, la pieza más significativa a reconocer es que en conjunto tenemos la posibilidad de lograr todo lo que hemos anhelado, y lo principal que tenemos que hacer es reforzarnos y evacuar nuestros obstáculos. Lo que, es más, eso tiene un efecto significativo.

Manejar la vida y pensar en exceso

Después de todo el trabajo diligente, esta debería ser la temporada en la que por fin dejemos de preocuparnos y empecemos a divertirnos. ¿Cómo detendrías esos molestos «imagina un escenario donde...» el estrés está volviendo?

Nosotros, como un todo, lo hacemos de vez en cuando - estrés por las cosas que hemos dicho o hecho, examinar los comentarios desechables que otros tienen o invertir horas desmembrando el significado de un correo electrónico o una carta específica. Casi sin reconocerlo, nos vemos absorbidos por un sinfín de contemplaciones y sentimientos negativos que nos hacen disfrutar y emocionarse. Es un ejemplo de que unos pocos clínicos traen el razonamiento. Las consideraciones subyacentes conducen a reflexiones progresivamente negativas, las preguntas a más preguntas. El sobre razonamiento se convierte en un curso que madura y se fabrica para que todo salga bien. Si se estanca en este ciclo negativo, puede influir en su vida. También puede provocar algunas elecciones terribles, cuando generalmente los pequeños asuntos resultan ser tan dramáticamente exagerados que pierdes tu punto de vista sobre ellos.

Cuando nos concentramos demasiado en lo que ha ocurrido anteriormente (futuro) - estamos eliminando el minuto en que estamos. Uno deja de encontrar y apreciar el tiempo y el lugar presente de su vida.

¿Por qué razón lo hacemos? - En la dimensión más fundamental, la ciencia de nuestro cerebro hace que sea fácil de pensar. Las reflexiones y los recuerdos no se quedan en nuestros cerebros segregados y libres unos de otros - están entretejidos en alucinantes sistemas de afiliaciones. Una consecuencia de todas estas desconcertantes interconexiones es que las reflexiones sobre un tema específico en tu vida pueden desencadenar consideraciones sobre otros problemas asociados.

Una gran parte de nosotros tiene algunos recuerdos negativos, estrés sobre el futuro, o preocupaciones sobre el presente. Una parte significativa del tiempo es probable que no seamos conscientes de estas reflexiones negativas. En cualquier caso, cuando se nos presentan, ya sea porque el clima es terrible o porque bebemos una cantidad excesiva de vino, es más sencillo revisar los recuerdos negativos y comenzar el ciclo de sobre razonamiento. Numerosas damas están sobrecargadas con las responsabilidades del hogar y el trabajo y quieren hacer todo magníficamente. En general, nos sentiremos a cargo de todos, una figura a la que deberíamos estar a cargo y nos impondremos extraños requisitos particulares.

¿Cómo derrotarlo? - Si eres un eterno estudioso, el hecho de que te aconsejen invertir un tiempo significativo y relajarte no lo hará por ti. Tienes que encontrar una manera de controlar y conquistar el razonamiento contrario. Terminar con la propensión no es simple, y no hay una respuesta de encantamiento para todo el mundo, excepto que estos son una parte de los medios que los especialistas proponen pueden permitirte romper el ciclo negativo del sobre razonamiento.

1. Ofrécete un indulto - Libera tu cerebro con algo que atraiga tu fijación y levante tu mente - sin importar si es leer un libro decente, pasear el canino, tener un masaje en la espalda o hacer el centro de recreación.

2. Cuando te veas repasando reflexiones similares, hazte saber que debes detenerte. Coloca pegatinas amarillas en tu área de trabajo y en la casa para informarte.

3. Si hay circunstancias o puntos específicos que desencadenan un razonamiento excesivo, por ejemplo, un área de trabajo llena de papeles o cartas o mensajes abiertos, en ese momento hay que ocuparse de los asuntos, aunque sea poco. El sobre razonamiento que está conectado con la inercia puede convertirse en un bucle sin fin. En lugar de vivir con el temor de lo que no se puede hacer y lo que podría ocurrir, es muy superior manejarlo virtualmente logrando algo.

4. Los temas que se esperan mucho después de un estrés frenético pueden disolverse repentinamente cuando los hablas con un compañero. Pueden parecer absurdos o incluso divertidos. Hacer una broma de ellos puede realmente calmar su estrés.

5. Planea el tiempo de deducción - elige cuando te permites pensar. Punto de confinamiento el tiempo que se da a sí mismo y se adhiere a su horario. Prevea guardar cada una de esas contemplaciones en una sola caja que pueda sacar a una hora determinada, en ese punto selle y guárdela cuando se acabe el tiempo.

6. Aprecie la ocasión... Planee activamente las cosas que entienda. No importa lo que sea, lo que funcione para ti. Es difícil afligirse por un razonamiento negativo cuando estás pasando por buenos momentos.

7. Exprese sus sentimientos - En lugar de entrar en un profundo examen de lo que sus sentimientos realmente significan, permítase encontrarlos para un cambio. Solloza, grita, golpea una almohadilla, te permitirá sentir el calor y después de eso sigue adelante.

8. Perdónese - Eso no significa imaginar que los comentarios leves o dañinos nunca ocurrieron, sino que significa conformarse con la decisión de dejarlos de lado en lugar de insistir en ellos.

9. Ten cuidado. Tómate un tiempo todos los días para estar a la hora. No será sencillo, sin embargo, persevera y recibirás los beneficios. Salir al invernadero para ver el atardecer, pasar 15 minutos en el centro de recreación al mediodía o sentarse en un bistró solo. Trate de no exiliar las consideraciones, deje que viajen en todos los sentidos, pero vea lo que está cerca y cómo se siente su cuerpo

Capítulo 1. ¿Qué es "pensar demasiado"?

Hay muchas formas de describir el exceso de pensamiento. Puede entenderse como una situación en la que uno no puede dejar de preocuparse y pensar en las cosas. Pensar demasiado no es un trastorno. Implica un miedo que crece en ti y que te abruma, pero no puedes evitarlo, pero dejarlo hacer. En algunos casos, en lugar de llorar, simplemente optas por contener las lágrimas. Es el miedo al fracaso: fracasar en el trabajo, fracasar en una cierta clase, fracasar en las relaciones. Pensar demasiado te lleva a trabajar duro para tener expectativas poco realistas. Esto puede sonar productivo, pero en realidad, te agotarás al mantener este ritmo. Pensar demasiado lleva al agotamiento. Emocional y físicamente, te sentirás agotado ya que tu mente nunca se detiene. Siempre está inundada de pensamientos y lo peor de todo es que crees que no hay nada que puedas hacer.

El exceso de pensamiento es esa voz interior que trata de derribarte. Te critica y destruye tu confianza y autoestima. No sólo dudas de ti mismo, sino que también dudas de los que están cerca de ti. Te empuja a adivinar todo. Pensar demasiado puede compararse con un incendio que se extiende. Quema todo lo que encuentra en su camino. Por lo tanto, sufrirás como resultado de pensar demasiado.

Pensar demasiado es cuando tu mente se aferra a los fallos que has cometido y te lleva a través de ellos a lo largo del día. Cuando piensas demasiado, tu vida estará en constante pausa. Siempre sentirás como si estuvieras esperando el momento adecuado para hacer algo. El problema es que este momento nunca llega. Siempre estás anticipando que algo podría salir mal. Serás demasiado cuidadoso cuando hagas algo. Esto está influenciado por el hecho de que te preocupa que las cosas no salgan como se espera.

Señales que predicen que eres un sobrepensador

Los siguientes son claros indicios de que piensas demasiado. Puede que intente negarlo, pero considere estos signos y pregúntese si son algunas de las cosas que podría haber experimentado.

Analizas demasiado todo

Si notas que analizas en exceso todo lo que te rodea, entonces eres ciertamente un pensador en exceso. Esto significa que puedes tratar de encontrar un significado más profundo en todas las experiencias que atraviesas. Al conocer nuevas personas, en lugar de entablar una comunicación productiva, puedes centrarte en cómo te perciben los demás. Alguien podría estar dándote una mirada particular y podrías hacer varias suposiciones basadas sólo en esa mirada. Pensar demasiado te consume. Terminas desperdiciando mucha energía tratando de entender y dar sentido al mundo que te rodea. Lo que no te das cuenta es que no todo tiene un significado intrínseco.

Piensas demasiado, pero no actúes

Un pensador excesivo se verá afectado por algo llamado parálisis de análisis. Este es un escenario en el que piensas demasiado en algo, pero al final no haces nada al respecto. En este caso, pasas mucho tiempo sopesando las opciones que tienes a tu disposición. Al principio, te decides por la mejor alternativa. Más tarde, comparas tu decisión con otras posibles decisiones que podrías tomar. Esto significa que no puedes dejar de pensar en las posibilidades y en si tomaste o no la decisión correcta. En última instancia, terminas no tomando una decisión. Sólo te encuentras en un círculo vicioso en el que simplemente piensas mucho, pero hay poco que haces. Tal vez la mejor estrategia para evitar que caigas en una trampa de pensamiento es probar las alternativas que tienes. Una simple decisión de actuar hará una gran diferencia.

No puedes dejarlo ir

A menudo, tomamos decisiones erróneas que podrían llevarnos al fracaso. Cuando esto sucede, puede ser desalentador dejarlo ir más cuando reflexionas sobre los sacrificios que has hecho para llegar al punto en el que estás. Puede que sientas que es doloroso dejarlo ir después de haber invertido mucho dinero en un determinado negocio. La cuestión aquí es que no quieres fracasar. Sin embargo, es importante darse cuenta de que el hecho de no dejarlo sólo te impide probar otra cosa que podría funcionar. También afecta a tu vida ya que pensarás repetidamente en tus fracasos. Necesitas seguir adelante. Es importante que cambies tu atención a otra cosa en vez de castigarte por algo que ahora está fuera de tu control. Convéncete a ti mismo de que no hay nada que puedas hacer sobre lo que ya ha sucedido aparte de aprender de ello. Lo mejor que puedes hacer es dejarte llevar y seguir adelante.

Siempre quieres saber por qué

Sin duda, la noción de preguntar por qué puede ser útil para resolver problemas. Esto se debe a que esta actitud de indagación te da las respuestas que podrías estar buscando. Sin embargo, también puede ser perjudicial cuando no puedes evitar preguntarte por qué. Normalmente, estamos acostumbrados a responder a las preguntas de los niños. Les encanta preguntar por qué sobre cualquier cosa y todo. No dudarán en preguntarte por qué no hablas con tu vecino. Por qué nacen los niños o simplemente por qué les gusta caminar. Hay algo único en la forma en que los niños son curiosos. Los que piensan demasiado mantienen esa actitud investigativa durante toda su vida. Como adultos, hay ciertas cosas que sólo tienen significados superficiales. Por lo tanto, investigar demasiado sólo puede afectar a la forma en que otras personas te ven.

Analizas a la gente

La forma en que ves a otras personas también puede decir mucho sobre ti. En la mayoría de los casos, te pierdes pensando demasiado en cómo se comportan los demás. Puedes tender a juzgar a todos los que te encuentras. Este camina de una manera divertida. Esa persona no está bien vestida. Te preguntas por qué alguien sentado en el parque está sonriendo. Cuando estos pensamientos te llenan la cabeza, sólo te agotarás a ti mismo. Pasar demasiado tiempo enfocado en otras personas sólo te disuadirá de usar tu mente de manera productiva. En lugar de visualizar tus metas y tu futuro, desperdicias tu energía reflexionando sobre pequeñas cosas que no te aportan ningún valor.

Insomnio regular

¿Le cuesta dormir a veces? Puede que te altere la idea de que tu cerebro no puede apagarse y dejar de pensar. Lamentablemente, esto puede paralizarte ya que tu cerebro no recibe el descanso que merece. Poco a poco, notarás una disminución de tu productividad. Es poco probable que te sientas bien contigo mismo ya que es poco lo que logras. Preocuparse demasiado por no poder dormir puede hacer que te sientas incómodo y que te encuentres en un estado de cautiverio. Si esto es algo que has estado experimentando, entonces suena como si fueras un pensador exagerado. ¿Qué podría hacer al respecto? En primer lugar, si no estás activo, entonces es vital que encuentres una manera de mantenerte ocupado. Además, la meditación es una gran práctica que puede ayudarte a dejar de pensar en exceso y relajarte y concentrarte en el presente.

Siempre vives con miedo

¿Tienes miedo de lo que te depara el futuro? Si respondes afirmativamente a esta pregunta, entonces es probable que estés enjaulado en tu mente. Vivir con miedo podría llevarte a recurrir a las drogas y al alcohol como tu mejor remedio.

Ganarás la percepción de que tomar drogas te ayudará a ahogar tus penas y te ayudará a olvidar. Desafortunadamente, este no es el caso, ya que las drogas y el alcohol son meros depresores. Ellos retrasan el funcionamiento de tu cerebro. Como resultado, usted tiende a creer que le están ayudando a olvidar.

Siempre estás cansado

¿Siempre te despiertas por la mañana sintiéndote cansado? Esto podría ser el resultado del estrés o la depresión. En lugar de vivir una vida productiva, te encuentras despertando tarde, cansado y sin motivación. La razón por la que esto sucede es porque no le das a tu mente la oportunidad de descansar. Ha estado trabajando día y noche. Por la noche, en lugar de dormir, te encuentras despierto toda la noche porque estás pensando demasiado. Tu mente no puede trabajar durante 24 horas seguidas en el mismo nivel de funcionamiento. Sólo sufrirás de agotamiento. Necesitas darle a tu mente tiempo suficiente para descansar y reiniciar.

No vives en el presente

¿Le resulta difícil disfrutar de la vida? ¿Por qué cree que le resulta desalentador sentarse, relajarse y ser feliz con sus amigos? El mero hecho de que no puedas quedarte en el presente implica que no te concentrarás en lo que está pasando en el presente. Pensar demasiado te ciega para no notar nada bueno que esté sucediendo a tu alrededor. A menudo pensarás en lo peor que puede suceder. La cuestión es que estás atrapado en tu mente y no hay nada fuera de tus pensamientos en lo que puedas pensar constructivamente.

El hecho de no vivir el presente le niega la oportunidad de mejorar las relaciones con otras personas. De hecho, vivirás con el temor de que te critiquen. Por lo tanto, sólo querrás existir en tu capullo. Una vez más, esto te llevará al estrés.

Tipos de sobrepensamiento

Hay diferentes formas de pensar en exceso que podrían afectar la calidad de las decisiones que tomamos. Las formas comunes de sobrepensar se discuten sucintamente en los siguientes párrafos.

Pensamiento abstracto

Esto se refiere a una forma de pensamiento que va más allá de las realidades concretas. Por ejemplo, cuando tratas de formular teorías para explicar tus observaciones, entonces te dedicas al pensamiento abstracto. Cuando tu negocio no funciona bien, puedes llegar a la conclusión de que se debe a la economía.

Complejidad

La forma compleja de pensar en exceso se produce cuando hay muchos factores a considerar en el proceso de toma de decisiones. En este caso, estos numerosos factores podrían impedirle sopesar la verdadera importancia de cada uno de ellos. El efecto es que podría impedirte tomar decisiones rápidamente.

Evasión

La evasión se produce cuando se intenta evitar hacer algo utilizando como excusa el proceso de toma de decisiones.

Lógica fría

Cuando se utiliza la lógica fría para pensar, se tiende a evitar confiar en los factores humanos, incluyendo el lenguaje, la cultura, la personalidad, las emociones y la dinámica social. El resultado es que terminas tomando decisiones sesgadas que no consideran las realidades legales o sociales.

Descuido de la intuición

Esto ocurre cuando uno no considera lo que ya sabe. En otras palabras, uno opta por pensar demasiado en algo de lo que ya sabe una o dos cosas. En lugar de seguir su instinto, uno piensa demasiado y termina tomando las decisiones equivocadas.

Creando problemas

También puedes encontrarte pensando de una manera en la que estás creando problemas que no están ahí en primer lugar. Hay ciertas situaciones o cosas que no son tan complejas como piensas. En situaciones ordinarias, te habría tomado un minuto o dos para resolverlas. Es vital centrarse más en el panorama general y no en los detalles. A veces es importante ver las cosas como son. No te compliques la vida pensando en problemas potenciales.

Ampliación del tema

Normalmente, los pequeños problemas requieren soluciones simples. Hay casos en los que amplificamos estos problemas y terminamos encontrando soluciones demasiado complejas para resolverlos. Esta es otra forma de pensar en exceso. Terminas desperdiciando tus recursos para llegar a soluciones enormes que no coinciden con los problemas que estás experimentando.

Miedo al fracaso

El miedo al fracaso no es un concepto nuevo para la mayoría de la gente. De hecho, es lo que motiva a la mayoría de nosotros a trabajar duro. En lugar de trabajar duro por un futuro brillante, te encuentras a ti mismo sacando motivación del miedo que has desarrollado dentro de ti.

Decisiones Irrelevantes

Hay veces que tomamos decisiones irrelevantes porque nos obligamos a tomar estas decisiones, pero no estamos obligados a tomarlas. Por ejemplo, cuando pensamos en nuestro futuro, hay ocasiones en las que terminamos tomando decisiones irrelevantes basadas en suposiciones.

Casarse, por ejemplo, basándose en las suposiciones que tienes, podrías concluir que necesitas casarte porque te estás haciendo viejo.

Causas del exceso de pensamiento

Después de examinar los posibles signos que podrían indicar que usted es un pensador excesivo y los tipos de pensamiento excesivo, es importante reflexionar sobre las causas. Mientras lee esta sección, pregúntese: ¿qué es lo que le hace pensar demasiado? Francamente, dependiendo de la situación por la que puedas estar pasando, hay varias razones por las que puedes pensar demasiado. Por ejemplo, tu miedo a la vergüenza podría empujarte a pensar demasiado en lo que deberías llevar o en cómo deberías presentarte ante otras personas. Por otro lado, el miedo al fracaso puede llevarte a trabajar duro para lograr tus objetivos.

Las siguientes son razones comunes por las que puede pensar demasiado.

Falta de confianza

La falta de confianza es una de las principales razones por las que la gente tiende a pensar demasiado. Cuando no estás seguro de qué hacer, se abren las puertas a la incertidumbre. Como resultado, tu mente se llena de miedo. Vale la pena señalar que nunca puedes estar seguro de las decisiones que tomas. Por consiguiente, hay veces en las que se le pedirá que corra riesgos al tomar decisiones importantes. Tomar tales riesgos evita que tortures tu mente ya que estarás actuando sin pasar demasiado tiempo pensando. Decidir hacer algo le da confianza. Esto tendrá un impacto en la forma en que maneje los problemas de su vida. Con el tiempo, te convertirás más en un tomador de decisiones que en un pensador.

El segundo paso para la autodefensa.

Aún en el tema de la confianza, dudar de uno mismo es mentalmente agotador. Claro, es comprensible que puedas tomar las decisiones equivocadas. Nadie es perfecto, así que no esperes que siempre tomes las decisiones correctas. Sin embargo, estar constantemente indeciso te robará la confianza. El principal problema aquí es que con frecuencia se estresará por cualquier cosa que requiera que tome una decisión.

Para evitar cuestionarse a sí mismo, es crucial que confíe en sus habilidades. Esto será de gran ayuda, ya que será más consciente de sí mismo y, a su vez, terminará tomando decisiones acertadas. Lo emocionante es que evitarás la idea de pedir repetidamente la opinión de otras personas antes de hacer algo.

Ser un constante preocupante

Las investigaciones demuestran que la ansiedad grave es un problema generalizado entre los adolescentes estadounidenses. La mayoría de ellos temen que puedan fracasar en sus vidas. Además, siempre se preocupan demasiado por el mundo que les rodea. Como resultado, no es sorprendente que tiendan a preocuparse por lo que otros piensan de ellos. El hábito de preocuparse constantemente de que las cosas puedan salir mal te empujará a pensar demasiado. Las imágenes que desarrolles en tu mente mostrarán principalmente los pensamientos de fracaso. Francamente, esto drena energía de ti.

En lugar de preocuparse demasiado por el futuro, debe entender que pensar de forma positiva y constructiva sobre cómo lograr sus objetivos es más productivo. Recuerda, el futuro es incierto para todos. Nadie sabe lo que pasará mañana. Por lo tanto, lo mejor que puedes hacer sobre el futuro es planearlo. Cambiar tu mentalidad para centrarte más en los objetivos que te has propuesto y en cómo puedes alcanzarlos te motivará a vivir una vida con sentido de la dirección. La mejor parte es que el sentido de optimismo que desarrolles te ayudará a ver la vida desde una perspectiva positiva.

El exceso de pensamiento actúa como protección

Puede que te encuentres pensando demasiado porque es una forma de protegerte de los problemas de tu vida. La realidad es que tienes miedo de actuar. Por lo tanto, pensar demasiado sólo frustra tu progreso en la vida. Sólo serás cautivo de tus pensamientos. Vale la pena darse cuenta de que es beneficioso actuar incluso cuando no estás seguro de ti mismo.

Considera los beneficios que obtienes de las experiencias que enfrentas en tu vida. Estas experiencias te hacen más fuerte. Serás más consciente de los pros y los contras de participar en ciertas actividades ya que las has experimentado. Evita caer en la idea de que pensar demasiado te protegerá de tus problemas. Es mejor enfrentar sus desafíos de frente.

No puedes relajarte

Será difícil para tu mente dejar de pensar si prestas demasiada atención al problema que estás enfrentando. Tus problemas te pondrán en un estado de tensión constante. Lo peor es que no has invertido tu tiempo en aprender a relajarte. Por esa razón, será difícil eliminar los pensamientos negativos de tu mente. Los individuos que valoran la importancia de hacer ejercicio o meditar y participar en ejercicios de yoga pueden evitar que su mente piense demasiado. La meditación funciona para ayudarte a conectar tu mente y tu cuerpo. Por lo tanto, a través de esta autoconciencia, puedes identificar la existencia de pensamientos negativos y aprender a separarte de ellos.

Anhelas la perfección

Ser un perfeccionista puede ser percibido como algo bueno al principio. Sin embargo, hay un precio enorme que pagar para vivir como un perfeccionista. A menudo, querrás que todo encaje en su sitio tal y como lo quieres. Nunca estarás satisfecho con nada que no esté a la altura de lo que habías previsto. Por lo tanto, esto significa que siempre pensará demasiado en lo que hay que hacer. Tu mente estará en un bucle constante de cosas sobrepensadas, ya sea que se hagan de la manera correcta o no. Desarrollar tal hábito sólo causará efectos perjudiciales para su salud mental y física.

Capítulo 2. Declare su mente

Vivimos en un mundo que requiere que actuemos en muchas cosas. Además de superar los factores estresantes diarios, debemos aprender a desarrollar los hábitos adecuados que nos impidan preocuparnos y tener pensamientos negativos. El ambiente agotador y el ajetreo que tenemos que enfrentar a menudo llena nuestras mentes de desorden. A menudo llega a un punto en el que nuestras mentes no pueden dejar de pensar. Puedes quedar abrumado con pensamientos que dejan tu mente en un total desorden. ¿Suena esto como tú? Si es así, entonces tu mente está agitando una bandera blanca y puede requerir algo de desorden.

De la misma manera que usted regularmente dedica algo de tiempo a despejar su oficina y su casa, la mente también requiere despejar. Esto garantizará que libere algún espacio para un funcionamiento óptimo. Sin embargo, no es tan fácil como parece, ya que no puede ver exactamente lo que hay en la mente. Como resultado, el proceso de limpieza será diferente de la desclasificación normal a la que usted está acostumbrado. Entonces, ¿cómo vaciar lo innecesario de su mente? Este capítulo se centrará en responder a esta pregunta y le ayudará a entender el significado de la desclasificación de su mente.

Causas del desorden mental

En un caso normal, al limpiar su casa u oficina, comenzará por identificar los artículos que están causando el desorden. De la misma manera, antes de despejar su mente, es importante que empiece por identificar las causas del desorden mental. La importancia de hacer esto es que garantiza que usted puede tratar eficazmente el desorden a largo plazo. Usted será más consciente de los factores que contribuyen al desorden en su mente y trabajará para evitarlos.

Las siguientes son algunas de las causas comunes del desorden mental.

Abrumado

Naturalmente, si estás abrumado con las cosas, entonces te llevará a un desorden en tu mente. Como resultado, será desalentador para usted establecer una forma razonable de tratar sus problemas. Esto causa desorden. Afortunadamente, puedes superar esto reconociendo el hecho de que no puedes manejar todo de una vez. Esto significa que deberías dividir tus tareas en minitareas más pequeñas pero manejables. Maneje estas cosas de una en una. Al final del día, te darás cuenta de que hay mucho que has logrado sin sentirte abrumado.

Compromiso excesivo

Comprometerse a terminar ciertas actividades de su lista de tareas es algo bueno. Sin embargo, cuando no puedes decir que no a otras tareas, significa que te estás comprometiendo demasiado. Manejar demasiadas cosas sólo te llevará a la frustración. Esto se debe a que existe la probabilidad de que no cumplas con tu tarea. Aprender a decir no es un atributo esencial para vivir una vida productiva. Decir no debería considerarse algo malo ya que te comprometes a trabajar productivamente en lo que puedes manejar. Así que evita comprometerte demasiado y asumir más de lo que puedes manejar.

Miedo

Si tienes miedo de dejar ir lo que ha sucedido en el pasado, entonces es probable que te esfuerces en tu mente. El hábito de aferrarnos a las cosas y los pensamientos nos consume a menudo. En lugar de trabajar productivamente, tu mente seguirá rumiando sobre el pasado. Esto es puro desorden. ¿Por qué deberías someterte a esta tortura cuando puedes simplemente aprender a dejarte llevar?

Sobrecarga emocional

Tal vez tu mente está llena de pensamientos y sentimientos no deseados que siguen drenando energía de ti. Por ejemplo, podrías estar lidiando con una crisis familiar inminente y termina afectando tu productividad en el trabajo. Si esto es lo que estás pasando, entonces es mejor que encuentres tiempo para lidiar con el tema. Pide una licencia y libera tu mente de tener que pensar en este asunto repetidamente.

Falta de tiempo

El tiempo siempre será un tema predominante. En todo lo que hagas, a menudo sentirás que no tienes suficiente tiempo. La realidad es que hay suficiente tiempo para manejar todas las cosas importantes de tu vida si priorizas y planificas eficazmente. Por lo tanto, no debes usar la excusa de que te falta tiempo. La única cuestión aquí es que tal vez no sepas cómo manejar tu tiempo de manera efectiva. Organízate y prioriza lo que hay que hacer primero. De esta manera, tendrás más tiempo para manejar las tareas pendientes de tu lista de tareas.

Postergación

Si eres víctima de la postergación, entonces no es una sorpresa que tu mente esté siempre en un estado de sobremarcha. Empujar las cosas para que se hagan más tarde significa que hay muchas cosas que requerirán tu atención cuando llegue el "más tarde". Después de un tiempo, te sentirás abrumado de no poder completar todo a tiempo. El problema comenzó con la decisión de posponerlo.

Un cambio importante en la vida

Otra razón por la que tu mente podría estar llena de desorden es por un cambio importante que ha ocurrido en tu vida. Francamente, a veces tenemos que reconocer el hecho de que el cambio es inevitable. La gente no acepta el cambio en sus vidas. Como resultado, pasan demasiado tiempo haciendo lo que solían hacer en lugar de cambiar. Cuando te enfrentas a estos problemas, es imperativo que evalúes lo que está pasando en tu vida y te esfuerces por cambiar.

La familiaridad con las causas del desorden mental es el primer paso hacia el éxito del desorden mental. Una vez que seas consciente de las causas del desorden en tu mente, puedes desarrollar soluciones prácticas de cómo deshacerte de ellas. Vale la pena tener en cuenta que, en la mayoría de los casos, hay múltiples razones por las que tu mente está desordenada. Así que, abre tu mente cuando intentes identificar los factores que causan tu estado mental desordenado.

Consejos prácticos sobre cómo declutar su mente

Ahora que entiendes lo que está causando todo el desorden, vamos a ver algunas de las formas en que puedes despejar tu mente.

Establecer prioridades

A veces no nos damos cuenta de que una vida sin objetivos es una vida aburrida. Vivir una vida sin objetivos es como vagar por el bosque para siempre sin un mapa. No tienes un destino particular al que quieras llegar. Lo que es peor, ni siquiera sabes cómo maniobrar a través del bosque. Del mismo modo, la vida sin objetivos no tiene sentido. Tus actividades diarias serán consumidas por personas y actividades que no te añaden valor. Vivirás en tu zona de confort, ya que no hay nada que te propongas alcanzar.

Establecer prioridades es un buen punto de partida cuando se busca despejar la mente. Esto requiere que te sientes e identifiques las cosas que más importan en tu vida. Enumera estos objetivos y trabaja para asegurarte de que tus acciones están en línea con los objetivos establecidos. Establecer prioridades crea una estructura con tus listas de tareas. Empezarás a valorar la importancia de delegar tareas cuando sientas que no puedes manejarlas. Y lo que es más importante, aprenderás a decir que no, ya que comprendes la importancia de manejar sólo lo que valoras y lo que puedes asumir.

Lleva un diario

Llevar un diario es una gran estrategia para ayudar a organizar tus pensamientos. La gente tiende a subestimar el poder de anotar sus pensamientos todos los días. Llevar un diario te ayuda a liberar tu mente de cosas de las que no eres consciente. Mejora tu memoria de trabajo y también garantiza que puedes manejar el estrés de manera efectiva. Del mismo modo, el hábito de anotar sus experiencias diarias en un diario le ayuda a expresar sus emociones que pueden estar embotelladas en su interior. Por lo tanto, usted crea un espacio para experimentar nuevas cosas en la vida. El efecto de esto es que usted puede aliviarse de la ansiedad que podría haber estado experimentando.

Aprende a dejar ir

Declutar tu mente también puede ser más fácil si aprendes a soltarte. Aferrarse a las cosas del pasado añade poco o ningún valor a tu vida. De hecho, sólo afecta a tu bienestar emocional y mental. El mero hecho de que no puedas dejar ir implica que encontrarás desalentador mirar hacia adelante. Tu mente se estancará y esto te estresará. Si fueras un pájaro y quisieras volar, ¿qué harías? Sin duda, querrías liberarte de cualquier carga que te agobie. Aplica esto a la vida real y libérate de cualquier carga emocional a la que te puedas aferrar. Ya sea que se trate de tus relaciones pasadas fallidas o de oportunidades de trabajo fallidas, sólo déjalo ir. Hay una mayor recompensa en dejarlo ir ya que se abren las puertas a nuevas oportunidades en tu vida.

Respira

Los ejercicios de respiración también serían útiles para despejar el desorden de tu mente. Hay ciertas formas de meditación que dependen de los ejercicios de respiración para centrar su atención en la respiración. Entonces, ¿cómo practicas los ejercicios de respiración? Empieza por respirar profundamente y despacio. Haga una pausa por un momento antes de exhalar. Mientras inspira y espira, concentre su mente en cómo está respirando. Concéntrese en cómo su respiración entra y sale de su nariz. Es relajante, ¿verdad? Practicar ejercicios de respiración más a menudo relaja la mente. Además de ayudarte a relajarte, refuerza tu sistema inmunológico de manera profunda. Más adelante, en el capítulo 6, se hablará más sobre esto.

Declare su entorno físico

Si vives en una casa desordenada, entonces hay una buena posibilidad de que te frustres más. Esto puede deberse a que te resulta difícil encontrar las cosas que necesitas. Por ejemplo, terminas perdiendo mucho tiempo buscando las llaves del coche antes de ir a trabajar. Esto afecta la forma en que comienza el día. Te estresará el hecho de haber llegado tarde y de que te esperan numerosas tareas. Por lo tanto, el hecho de despejar tu espacio físico también tendrá un impacto positivo en tu mente. Mantener las cosas organizadas también significa que tu mente está virtualmente organizada para manejar las cosas que deben ser manejadas.

Aprende a compartir tus pensamientos

Hay un sentimiento positivo general cuando te sientas a compartir tus sentimientos con alguien que te importa. En lugar de contener las lágrimas y las emociones, compartir tus sentimientos con tus seres queridos puede despejar el desorden emocional de tu mente. ¿Alguna vez te has preguntado por qué puedes pensar más claramente después de compartir tus sentimientos tristes con otra persona? Hay poder en compartir tus pensamientos y sentimientos con otras personas. Puedes estar más seguro de que estás tomando decisiones informadas ya que tu mente puede pensar con claridad sin estar cegado por tus emociones.

Reduzca su consumo de información

La información que consumimos afecta a la calidad de las decisiones que tomamos. Desafortunadamente, la información que consumimos a veces no es importante para nuestras vidas. Sólo llena nuestras mentes de desorden y esto nos impide pensar con claridad y tomar las decisiones correctas. Lo peor es que causa ansiedad y estrés ya que tendemos a preocuparnos por lo peor que nos podría pasar después de lo que hemos leído o visto en Internet. Limitar lo que consumes de Internet puede ayudar a evitar que la información no deseada ocupe espacio en tu mente. Así que, en lugar de empezar el día consultando la página de los medios sociales, considera la posibilidad de dar un paseo o leer un libro. El punto aquí es que deberías sustituir tu tiempo improductivo en internet por hacer cosas productivas.

Deja un poco de tiempo para relajarte

Más importante aún, para despejar tu mente, deberías considerar tomarte un descanso. Puedes creer que tomar descansos es improductivo, pero la verdad es que tu productividad puede recibir un gran impulso cuando tomas descansos más a menudo. Darse un tiempo para relajarse te ayuda a recargarte. Como resultado, terminas haciendo más en menos tiempo. De esto se trata la efectividad y la eficiencia. Ambas explican tu productividad.

La importancia de desclasificar su mente

Declutar el espacio físico a tu alrededor te ayudará a crear más espacio para cosas más importantes. Además, tal orden también tendrá un impacto en tu mente ya que todo estará organizado y sabrás dónde está todo. Hay pocas cosas que te recuerden que deben ser organizadas. De la misma manera, la desordenación de tu mente también tiene sus beneficios.

Una disminución del estrés y la ansiedad

El desorden te estresará. Sentir que tu mente está desordenada puede hacerte sentir cansado, ya que hay mucho que hacer y poco tiempo. Del mismo modo, el desorden mental también le hará sentirse inseguro. Rara vez estarás seguro de tus habilidades. Repetidamente, notarás que te cuestionas todo lo que haces. Todo esto sucede porque tu mente no puede pensar con claridad. Hay muchas cosas en las que se está enfocando y, por lo tanto, encontrar soluciones prácticas a las pequeñas cosas que tiene por delante puede parecer imposible.

Utilizando las estrategias recomendadas que aquí se discuten para despejar el desorden de su mente, usted puede estar más equipado para reducir sus niveles de estrés y ansiedad. Su mente se sentirá más liberada. El nuevo espacio que ha creado le dará a su mente la energía que necesita para pensar y tomar decisiones inteligentes. Como resultado, te sentirás más seguro de ti mismo y de las decisiones que tomes.

Una mejora en su productividad

El desorden·puede impedir que tu mente logre el enfoque que necesita para manejar las prioridades que te has fijado. Por ejemplo, en lugar de levantarse temprano y trabajar en un proyecto importante, puede que te encuentres prestando demasiada atención a la carga emocional que te agobia. Francamente, esto frustra tu nivel de productividad. Es poco probable que uses tu tiempo sabiamente, lo que afecta tu productividad.

Eliminar los pensamientos y emociones no deseados te ayudará a centrarte más en lo que es importante. Le será más fácil establecer prioridades y trabajar en ellas. Te despertarás sintiéndote motivado y orientado a los objetivos. A corto plazo, notarás una mejora en tu eficiencia. Con el tiempo, te darás cuenta de que eres más eficaz que nunca ya que hay más que puedes hacer en menos tiempo.

Inteligencia emocional mejorada

Hay numerosas situaciones en las que permitimos que nuestras emociones afecten a la forma en que percibimos las cosas en la vida. Un minuto amas a alguien y al siguiente piensas que es lo peor y te arrepientes de haberlo conocido. Además, estas emociones nublan nuestro juicio y terminamos sacando conclusiones que no son válidas. En la mayoría de los casos, esto ocurre cuando hay muchas cosas en nuestra mente que tenemos que manejar. El resultado es que no podemos manejar estas emociones de una manera efectiva.

Desconectar tu mente requiere que te deshagas de los pensamientos negativos que te llevan a las emociones negativas. Como resultado, la desclasificación implica más a menudo que dominarás cómo tratar los sentimientos negativos. Es menos probable que permita que los sentimientos negativos lo agobien. Esto se debe a que comprendes que son sólo emociones y dejarlas ir es el mejor curso de acción que puedes tomar.

Puedes transformar tu vida eligiendo desclasificar tu mente. Terminarás tomando mejores decisiones que lleven tu vida en la dirección correcta. Sin embargo, es importante señalar que el proceso de despeje sólo tendrá éxito si sabes de dónde viene el desorden. Para empezar, puede evaluarse a sí mismo y averiguar por qué hay tanto desorden en su mente. ¿Es porque te comprometes demasiado? ¿Es porque estás abrumado con los desafíos que tienes que manejar? ¿Es porque tienes miedo a cometer errores? Conocer las razones del desorden asegura que puedes controlar el desorden a largo plazo. Además, la era digital en la que vivimos no debería ser una excusa para llenar tu mente con información no deseada. Alimenta tu mente con información de calidad que te impulse a alcanzar tus objetivos. Controla tu ingesta de información y libérate del desorden.

Capítulo 3. Desafiando tus pensamientos

Para dejar de pensar en exceso, primero tienes que volver a entrenar tu cerebro. Afortunadamente, hay muchos ejercicios y actividades que puedes usar para reformar tu forma de pensar.

Ahora que sabes un poco sobre cómo pensar en exceso, y también sabes que cuando estás a punto de caer en ese profundo remolino de infinitas emociones negativas, puedes empezar a deshacerte de él por completo, y puedes empezar a desafiar tus pensamientos antes de que se salgan de control.

Antes de empezar

Estas son algunas de las cosas que necesitas saber antes de empezar a desafiar tus pensamientos negativos para que no te sorprendas demasiado y te abrumes con todo lo que está pasando.

1. Necesitas saber que desafiar tus pensamientos puede parecer antinatural, a veces incluso forzado al principio. Pero con un poco de práctica, comenzará a sentirse natural y creíble.

2. Para aumentar la confianza en los pensamientos desafiantes, debe practicarlos en pensamientos que no sean tan molestos y que proporcionen un poco más de flexibilidad. También es una buena idea practicar esta técnica cuando aún se sienta un poco neutral y no demasiado abrumado por sus pensamientos. Intentar practicar el desafío de los pensamientos después de un día particularmente duro y problemático sería pedirte demasiado a ti mismo.

3. Las primeras veces que intente pensar en desafiar sería mejor que anotara sus respuestas. A menudo, cuando los principiantes intentan hacerlo en sus cabezas, terminan con sus pensamientos dando vueltas en círculos, lo que hace que sus pensamientos sean más intensos, y puede causar que se vuelvan demasiado pensantes.

4. Otro beneficio de tomar notas es que, si un pensamiento similar aparece en el futuro, puedes referirte a tus notas y averiguar cómo reaccionaste a él.

5. Puedes practicar con un familiar o un amigo que sabes que no te juzgará. Practicar con otra persona puede ayudarte a arrojar luz sobre los puntos ciegos de tu pensamiento, o pueden ofrecerte diferentes puntos de vista que pueden serte útiles.

6. Cuando practiques por primera vez el desafío de los pensamientos, debes concentrarte en un solo pensamiento en lugar de una serie de ellos tan pronto en el juego. Por ejemplo, en lugar de pensar "Es bastante obvio que mis jefes pensaron que había estropeado el proyecto", deberías dividir tus pensamientos en frases más pequeñas y sencillas, y luego desafiar estos pensamientos uno por uno. Sólo te confundirás si empiezas a desafiar un montón de pensamientos al mismo tiempo.

7. Haz algo que te distraiga una vez que termines de trabajar con un par de preguntas que te hagan pensar. Esto te dará tiempo para que tu mente se calme.

Ahora que sabes lo que debes esperar, aquí tienes algunos de los ejercicios más populares que puedes probar ahora.

Retroceda y evalúe la situación

Aquí hay un escenario que podrías haber experimentado: sientes como si tu jefe te ignorara constante e intencionalmente. Piensas que la razón por la que tu jefe no te ha saludado esta mañana es porque de alguna manera has estropeado algo y que está contemplando la posibilidad de despedirte muy pronto. Por lo general, este tipo de pensamientos provocan que tu mente piense demasiado y que pierdas el sueño, lo que hace que no seas tan eficiente en el trabajo, lo que por lo tanto lleva a que te despidan; en resumen, pensar demasiado los problemas los convierte en profecías autocumplidas.

Por otro lado, si te apartas y analizas tus pensamientos antes de que tu cerebro hiperactivo se desproporcione, puedes controlarlo mejor. En el caso mencionado anteriormente, recuerda que tu jefe rara vez saluda a nadie, y cualquier error que hayas cometido en los últimos días no es motivo para tu despido. A continuación, piensa en lo que podrías hacer para que no te despidan, como aumentar tu productividad, o tal vez aprender una nueva habilidad que te ayude a hacer mejor tu trabajo.

En sólo un par de minutos, has descarrilado tu tren de pensamiento negativo antes de que tenga la oportunidad de ganar impulso.

Escríbelos todos

Otra forma de desafiar tus pensamientos negativos antes de que te hagan pensar demasiado es escribirlos en un papel. Cuando escribes las cosas que te molestan, les das una forma algo tangible, que en realidad te ayuda a volver a analizarlas de una manera más racional. Si quieres llevar esto al siguiente nivel, puedes empezar a hacer un diario de pensamiento.

¿Qué es un diario de pensamiento?

Un diario de pensamiento es diferente de la forma tradicional de diario, tiene una estructura que tienes que seguir para hacer el análisis de tus pensamientos mucho más fácil. Por ejemplo, en un diario del pensamiento, no se comienza una entrada con un "Querido Diario" o cualquier forma de él, las entradas parecen más bien un libro de cuentas.

Haces un diario de pensamientos haciendo un par de columnas en la página y luego las titulas de la siguiente manera:

Antecedentes - Estas son las cosas que te provocaron durante el día.

Creencias - Estos son tus pensamientos sobre las cosas que has enumerado en la primera columna.

Consecuencias - Estas son las cosas que sucedieron debido a tus pensamientos.

Por eso un diario de pensamiento se llama diario ABC.

Aquí hay un ejemplo de cómo escribir una entrada en su diario de pensamiento. De repente empiezas a preocuparte porque tienes una próxima factura que pagar, esta es tu consecuencia. En la segunda columna, escribes que estabas preocupado porque no podías cumplir con la fecha de vencimiento. En la sección de desencadenantes, puedes escribir que estabas viendo las noticias de la noche cuando de repente recuerdas que tienes que pagar.

Después de algún tiempo de escribir en su diario de pensamientos, puede que empiece a notar que los desencadenantes no suelen estar relacionados con los pensamientos que le preocupan. Los pensamientos simplemente ocurren, y los desencadenantes que los hicieron aflorar pueden estar relacionados con ellos en absoluto; los pensamientos son inconstantes en ese sentido.

En la columna de consecuencias, podrías escribir algo como: "Tomé una aspirina para deshacerme del dolor de cabeza que sentía que se avecinaba".

Cada domingo por la noche podrías revisar tus entradas y luego pensar en las cosas que podrías haber hecho mejor. Por ejemplo, para la entrada de arriba, en lugar de tomar una aspirina, podrías haber caminado por el parque para despejar tu mente, o al menos podrías haber comido una manzana o algo sólo para que tu dolor de cabeza no empeore. O podrías llamar a tu compañía de servicios públicos e informarles que podrías estar un poco atrasado en el pago, pero que vas a pagar, y preguntarles si es posible que te eximan de los cargos por atraso. Su diario de pensamientos le ayudará a dar sentido a sus pensamientos confusos poniéndolos en un papel para que los pueda analizar fácilmente. Esta herramienta puede ayudarte a entender tus habilidades para enfrentarte a la situación y por qué terminas tomando decisiones que llevan a consecuencias que no son realmente las mejores para ti. Con la ayuda de un diario de pensamiento puedes cambiar tus consecuencias futuras volviendo a analizar tus pensamientos pasados y haciendo los ajustes necesarios.

Beneficios de un diario de pensamiento

Escribir en un diario de pensamiento te ayuda a identificar las cosas que te hacen pensar demasiado. Cuando escribes tus pensamientos, verás fácilmente si son realmente preocupaciones legítimas, o si son simplemente irracionales. Los diarios de pensamiento te ayudan a recordar cómo te comportaste durante el tiempo en que te hicieron pensar demasiado, y con el tiempo empezarás a notar los patrones en la forma en que piensas.

Cuando reconozcas tus patrones de pensamiento existentes, será posible que cambies no sólo tu comportamiento, sino también tus pensamientos. Cuando notes que empiezan a aparecer pensamientos malignos, puedes practicar la atención (más sobre esto más adelante) y simplemente observarlos y reconocerlos para que desaparezcan. En realidad, no necesitas comportarte de acuerdo a tus pensamientos, puedes ignorarlos y continuar viviendo tu propia vida. Es mucho mejor escribir "Ignoré la idea de..." en lugar de "Fui al pub y bebí unas cuantas pintas para hacerme olvidar", y si notas que estás haciendo básicamente lo mismo casi todos los días, entonces tu diario de pensamientos está funcionando.

Hacer un hábito de escribir un diario de pensamiento

Es muy aconsejable que se haga un hábito de escribir sus pensamientos usando el formato mencionado anteriormente. Puede usar un pequeño cuaderno, un montón de papeles, cualquier cosa que pueda escribir y mantener confidencial. Nadie más, aparte de usted y su terapeuta (si está viendo a uno) debe saber de la existencia de este diario; nadie más debe tener acceso a sus pensamientos internos.

Si no quieres usar el método tradicional, también puedes usar tu smartphone o portátil para crear un documento secreto. Gradualmente, con el tiempo, empezarás a notar cuando empiezas a pensar en exceso y luego dejarás de ir más lejos.

Las emociones negativas, como las que hacen pedazos tu confianza, generalmente pueden conducir a la depresión clínica, te hace sentir irracionalmente solo, sin esperanza, y te destrozarán por dentro. Escribir te ayuda a deshacerte de tus pensamientos autodestructivos. Es un arte que puede ayudarte a compartir tus sentimientos más íntimos y tus pensamientos más profundos.

Escribir tus sentimientos en un papel es una forma de expresar libremente tus puntos de vista y opiniones sobre las cosas que sucedieron durante el día, y el efecto que tuvieron en tu vida. No sólo estás escribiendo palabras en papel, estás eliminando efectivamente todos estos pensamientos negativos de tu mente, y con ellos va toda esa negatividad que vino con ellos.

Consigue un hobby

¿Siempre has querido aprender a tocar el piano, la guitarra, el ukelele o cualquier otro tipo de instrumento musical, por qué no intentas aprender hoy? ¿Quieres ser bueno en el dibujo, la caligrafía o la pintura? Asiste a las clases o mira los videos tutoriales en línea. También puedes jugar a tus videojuegos favoritos durante una hora más o menos. Tener un hobby no sólo te da una salida creativa, sino que también te proporciona una manera de crear algo con tus manos, también te permite pensar individualmente, y lo más importante, los hobbies te proporcionan un escape de tus pensamientos negativos.

Cuando sienta que sus pensamientos empiezan a abrumarle, saque su equipo de aficiones y sumérjase en la actividad. Piérdase en las habilidades, coordinación, concentración y repetición que su hobby requiere que haga. Concentre su mente en la comodidad o el desafío que le brinda su pasatiempo elegido, y permita que ahuyente todas las preocupaciones que solían desencadenar su exceso de pensamiento.

Medita tus preocupaciones a distancia

La meditación puede ayudarte a enfocar tu mente lejos de las cosas que te preocupan. De hecho, la meditación guiada puede ayudarte a reajustar tu mente, dejándote así sin carga, y refrescado; listo para todos los desafíos que puedan presentarse en tu camino.

La meditación es diferente de la atención, esta última es una técnica de estímulo del momento que se puede utilizar en cualquier lugar y en cualquier momento. La meditación, en el sentido más puro, debe practicarse en un ambiente tranquilo, silencioso y relajante tanto como sea posible.

Aquí hay un par de técnicas de meditación. Pruébenlas todas y escojan la que más les guste.

1. Respiración enfocada

La respiración es una de las acciones involuntarias del cuerpo, lo que significa que no necesitas ordenar a tu cuerpo que respire, simplemente sucede. Sin embargo, puedes convertir tu respiración en una forma de meditación con sólo tomar nota de cada respiración que hagas.

En la meditación de respiración enfocada, se toman respiraciones largas, lentas y profundas; respiraciones tan profundas que también llenan el abdomen con aire. Para practicar esta forma de meditación, se desconecta la mente de todos los pensamientos, y se centra toda la atención en la respiración. Esto es especialmente útil para cuando empiezas a notar que tus pensamientos empiezan a salirse de tu control.

Sin embargo, esta técnica podría no ser apropiada para quienes tienen dolencias respiratorias, como el asma y algunas dolencias cardíacas.

2. Meditación guiada

Esta técnica requiere que se le ocurran paisajes, lugares o experiencias relajantes que le ayuden a relajarse mejor. Si tienes dificultad para idear escenas para tus sesiones de meditación guiada, puedes usar cualquiera de las muchas aplicaciones gratuitas disponibles en línea.

Las imágenes guiadas son geniales porque sólo tienes que seguir las instrucciones del instructor de voz suave y estarás bien. Esta técnica es mejor para aquellos que sufren de pensamientos intrusivos crónicos.

3. Meditación Mindfulness

Como se mencionó anteriormente, esto es diferente de la meditación real. Esta práctica sólo requiere que estés sentado cómodamente, y que te concentres en el presente sin desviarte hacia tus pensamientos problemáticos del pasado y del futuro.

Esta forma está disfrutando actualmente de un gran aumento de popularidad, principalmente porque puede ayudar a las personas que están luchando con la ansiedad, el dolor crónico y la depresión.

4. Yoga, Tai Chi, o Qui Gong

Estas tres artes antiguas pueden no parecer similares, sin embargo, todas combinan la respiración rítmica con diferentes posturas y movimientos corporales. El hecho de tener que concentrarse en la respiración mientras se realizan diferentes posturas hace que estas actividades sean efectivas para distraer la mente de los pensamientos negativos. Además, estos ejercicios también pueden ayudarle a ganar más flexibilidad, equilibrio y fuerza interior. Sin embargo, si usted tiene una condición debilitante o dolorosa que le impide hacer algo remotamente físico, entonces estas actividades podrían no ser adecuadas para usted. No obstante, puede preguntarle a su médico si puede practicar estos ejercicios, él podría recomendarle un buen fisioterapeuta o un gimnasio que realmente pueda ayudarle. Ahora bien, si su médico cree que es una mala idea que usted haga estos ejercicios, preste atención a sus palabras y busque en otra parte una solución.

5. Oraciones/cantos repetitivos

Esta técnica es la mejor para aquellos que tienen períodos de atención relativamente cortos, tanto que tienen problemas para concentrarse en su respiración. Para esta técnica, se recita una breve oración, o incluso una o dos frases de una oración mientras se centra en la respiración. Este método puede ser más atractivo para usted si es religioso o si es una persona particularmente espiritual.

Si no eres religioso, o no te suscribes a ninguna religión, puedes hacerlo sustituyendo las oraciones/cantos por afirmaciones positivas o líneas de tu poema favorito.

Los expertos en psicología aconsejan no elegir sólo una técnica de la lista mencionada. Es mucho mejor probar tantas como sea posible y luego ceñirse a la/s que le parezca/n efectiva/s. También se recomienda que practique estas técnicas durante al menos 20 minutos al día para obtener mejores resultados, aunque incluso un par de minutos de práctica puede ayudar. Sin embargo, cuanto más tiempo y con más frecuencia practique estas técnicas, mayores serán los beneficios y la reducción del estrés.

Capítulo 4. La ansiedad y sus causas

Para tratar su ansiedad, necesita saber de dónde viene. Mucha gente describe que se siente al azar. Puede parecer así porque el inicio puede parecer que ha surgido de la nada. Pensar demasiado causa y contribuye a la ansiedad. Tienen una relación en la que ambos se alimentan el uno del otro. Si tienes ansiedad, tienes una predisposición a pensar demasiado, mientras que pensar demasiado aumentará tus niveles de ansiedad.

Hay una razón por la que las personas que sufren de un trastorno de ansiedad son especialmente propensas a pensar demasiado. Esto se debe a que su mente se ha entrenado para pensar en los peores escenarios. Por ejemplo, podrían estar conduciendo, y si sienten los baches que a veces ocurren cuando estás en la carretera, y su mente va a la idea de que han chocado con algo. Permítanme asegurarles algo. No pensarían que pueden haber golpeado algo o alguien. El impacto sería como ningún otro. No todo se puede prevenir porque las cosas suceden a veces, pero mientras estés mirando la carretera que tienes delante y no tengas ninguna sustancia química en tu sistema que pueda impedir tu función cognitiva, es poco probable que vayas a tener un accidente grave.

La mayoría de las veces, no es al azar cuando una persona desarrolla ansiedad. A veces viene como una reacción retardada de algún tipo. Es posible que no sientas los efectos de la misma mientras estás pasando por una situación estresante porque tu mente está enfocada principalmente en superar la situación. Después del hecho, pasas por los efectos psicológicos de tu situación porque tienes tiempo para pensar en ello. Esto es algo común que le sucede a la gente durante las situaciones estresantes. Llenamos nuestros sentimientos sobre ello porque queremos enfocarnos en pensar de manera pragmática y en conseguir un lugar mejor.

Se ha descubierto que hay ciertas sustancias químicas en nuestro cerebro que pueden causar trastornos del estado de ánimo y emocionales cuando no están en forma. Sin embargo, también tiende a haber un componente ambiental. Hay cosas que pueden sucederle a una persona que la hacen más propensa a tener dificultades para manejar el estrés. Ahí es donde la ansiedad se convierte en un trastorno. A cierto nivel, es natural. Cuando pasa ese punto y se convierte en un obstáculo en la vida de una persona, se ha convertido en un trastorno.

Así es esencialmente como funciona. Tienes una tarea que debe ser entregada en dos semanas. Un nivel saludable de ansiedad te hará pensar: "Bien, necesito hacer tanto trabajo en esta cantidad de tiempo". Si quiero cumplir con el plazo y hacer un buen trabajo, no puedo esperar hasta el último minuto. Necesito hacer todo este trabajo todos los días para alcanzar mis objetivos". Cuando llega la mitad del día, y aún no lo has hecho, empiezas a sentirte un poco incómodo y te recuerdas a ti mismo que tienes que ponerte en marcha. Es como si una persona dentro de ti te diera un empujón para que empieces con tus responsabilidades porque quiere verte triunfar. Cuando un trastorno de ansiedad se hace cargo, te invade el miedo cuando ves los requisitos y la fecha límite. Podrías pensar, "no hay manera de que pueda manejar todo esto". ¿Cómo voy a conseguir tanto material en tan poco tiempo?" Cada vez que empiezas a trabajar en ello, la página en blanco te intimida, y decides que prefieres pasar tu tiempo haciendo algo que no te cause tanto estrés. Sólo pensar en trabajar en ello hace que tu ritmo cardíaco aumente. Te dices a ti mismo, "No puedo manejar esto hoy, voy a trabajar en ello mañana cuando esté más fuerte". Entonces llega el mañana, y usas la misma excusa para aplazarlo.

Cualquier cantidad de cosas puede causar un trastorno de ansiedad. Todo el mundo tiene momentos en sus vidas en los que su ansiedad está en un nivel elevado. Los grandes acontecimientos de la vida, como las enfermedades en la familia o la pérdida de una relación, vienen con el estrés de forma natural. Incluso cosas buenas como conseguir un nuevo trabajo pueden causar ansiedad.

Una de las mayores razones por las que los finales y los nuevos comienzos causan ansiedad es porque entonces la pregunta se convierte en "¿Qué viene después?" La gente tiene un miedo natural a lo desconocido. Pensando en el nuevo trabajo, puede estar confundido porque no sabe por qué no está saltando de alegría. Este puede ser tu primer trabajo después de la escuela, o puede ser una mejora importante de tu último trabajo. Las condiciones de trabajo son mejores, la paga es más alta, y tus beneficios son mayores. Sin embargo, no sabes exactamente cómo va a ser este trabajo. Puede que hayas leído lo que se espera de ti en tu nuevo puesto, pero eso no es lo mismo que estar en el trabajo y pasar por los trámites. Aún no has conocido a tus compañeros de trabajo, y sólo has conocido a tu jefe muy brevemente. Puede que hayas tenido que mudarte para este trabajo, lo que significa que estás en un entorno completamente nuevo. Estás en un nuevo vecindario con gente que nunca has conocido antes, y tendrás que encontrar dónde está todo. Esperas no perderte en tu primer día de trabajo. ¿Es cada vez más comprensible que estés nervioso por empezar un nuevo trabajo?

A veces los trastornos de ansiedad nacen de un trauma. Cuando piensas en un trauma, probablemente piensas en horribles asaltos y desastres naturales. Mientras que estos definitivamente serían una fuente de ansiedad, no escribas que tus experiencias no son suficientes para ser un trauma. Si tuvieras un padre que tuviera un temperamento corto y gritara a menudo, y estas rabietas no necesitaran mucho para provocarlas, es fácil ver dónde te dejaría eso con la ansiedad. No estarías seguro de tus interacciones sociales. Interpretarías todo lo que la gente hace que parece fuera de lugar como una señal de que están a punto de enojarse porque has estado expuesto a tanta ira.

Pensar en el pasado puede provocar ansiedad. Puede influir en tu futuro. Digamos que te fue mal en tu examen más reciente. Si pasas todo el tiempo dándote la lata con ello, en realidad estarás disminuyendo tu motivación para hacerlo mejor la próxima vez en lugar de aumentarla. Cada vez que intentes estudiar para el próximo examen, tu mente volverá al último grado, lo que te distraerá de aprender nueva información. Tu moral estará baja, y eso disminuirá tu confianza en ti mismo. La gente que no se siente bien consigo misma no se esforzará al máximo en lo que hace porque no siente que le vaya a ir bien de todas formas.

No hay forma de deshacer el pasado. Tanto si la puntuación de tu examen fue mala porque no estudiaste tanto como debías, o estudiaste el material equivocado o no dormiste lo suficiente, o cualquier otra cosa que pudiera haber contribuido a la nota de fracaso, no puedes volver atrás en el tiempo y estudiar adecuadamente para tu examen anterior. Eso está hecho. Reconocer lo que hiciste mal en el pasado debe ser una ayuda para hacerlo mejor en el futuro, no un instrumento para castigarte.

El hecho de no poder cambiar el pasado puede ser desalentador, pero trate de pensar en ello de una manera diferente. Si pudiéramos retroceder en el tiempo y cambiar lo que hemos hecho, lo cual no podemos, nunca seríamos capaces de comenzar un nuevo comienzo porque estaríamos tan consumidos en arreglar lo que ya ha sucedido. Entonces, ¿cuál sería el punto de mejorar como persona? No tendrías que hacerlo porque podrías volver atrás en el tiempo y actuar de forma diferente, lo que podría cambiar el futuro en formas que no esperarías ni querrías.

El estado permanente del pasado levanta una carga para todos los que nos pone. Lo único que debe preocuparnos es el presente y cómo afectará al futuro. Digamos que fallaste ese examen porque pasaste demasiado tiempo jugando a los videojuegos y muy poco tiempo estudiando para ello. Ya sabes lo que salió mal. Usa los errores del pasado sólo de esa manera. Úsalos para averiguar cómo obtuviste el resultado indeseado y así evitar que obtengas uno similar más adelante. Esto no significa que tengas un problema serio con los juegos o que tengas que dejarlos por completo. Significa que necesitas encontrar una forma de incorporarlo a tu vida para que no impida otros aspectos de la misma. Programe el tiempo que va a encajar en su día que está reservado para los juegos y no deje que pase de largo. Asegúrate de que has hecho todo lo que necesitas hacer antes de empezar a hacer las cosas que quieres hacer.

Haz una lista para ti mismo sobre las tareas que debes completar antes del final del día. Cuando averigües qué material será en tu próximo examen, empieza a reservar unas horas al día para estudiar. Si tienes deberes, hazlos antes de entrar en tus cuentas de juego. Puede ser tentador empezar a disfrutar de tus hobbies cuando llegues a casa, pero hay algunos problemas con esto. Si acabas haciendo los deberes o cualquier otra cosa que necesites hacer, probablemente acabarás posponiéndolos hasta casi medianoche. Una vez que la hayas hecho, probablemente sea temprano por la mañana, y luego te llevará un poco más de tiempo dormirte. Te despertarás a la mañana siguiente sintiéndote cansado y atontado, y el trabajo que hiciste anoche lo habrás hecho con la mente cansada. Otra posibilidad es que sea casi medianoche y decidas que estás demasiado cansado para hacerlo esta noche, y por lo tanto lo dejes para mañana por la mañana. Esto hace que pases la mañana siguiente completando tu tarea de forma borrosa, y eso si tienes suficiente tiempo para hacerlo y no tienes que entregar un papel que tiene objetivos que no se cumplen.

De hecho, tendrás más tiempo para disfrutar de tus aficiones y te divertirás más haciéndolas si haces lo que tienes que hacer primero. Si tienes que hacer algunos deberes mientras juegas, la experiencia será muy estresante porque siempre tienes la idea en la cabeza: "¿Cuándo voy a dejar el juego y a hacer los deberes? Lo haré justo después de este partido. No, sólo voy a hacer una más, y luego me pondré a ello. Bien, tengo 4 horas para hacerlo, tengo mucho tiempo. Todavía tengo tres horas. Jugaré un poco más. ¡Oh no! ¡Sólo me queda media hora! ¿A dónde se fue el tiempo? ¡Tengo que empezar ahora! Por favor, déjame terminar a tiempo."

El propio estrés de la situación hará que te quedes en tu juego y no hagas los deberes. Piensas, "es demasiado estresante pensar en hacer esa tarea, y esto me relaja, así que voy a seguir haciéndola". Sin embargo, no estás realmente relajado. No puedes estarlo porque tienes un pensamiento que se cierne sobre ti y te regaña en el fondo de tu mente. El estrés se acumula en el fondo porque sabes que ninguna cantidad de no hacer nada va a hacer que esa tarea desaparezca. De hecho, cuanto más tiempo pasa, más real se vuelve porque sabes que no puedes posponerlo por mucho tiempo.

Mantener un horario y cumplirlo te quitará un gran peso de encima. También te dará una sensación de logro. Al marcar las cosas de su lista de tareas porque las ha completado, le hará sentirse más seguro. Cuando la lista se haya completado, te sentirás bien contigo mismo cuando te vayas a la cama porque sabrás que has hecho todo lo que necesitas hacer.

Los adultos jóvenes suelen sentir mucha ansiedad debido a las expectativas sociales. La forma en que está la sociedad ahora; se te ve como un niño que necesita pedir permiso para hacer cualquier cosa hasta que cumplas 18 años. En este punto, se te ve como un adulto a los ojos de la ley, y ahora se espera que descubras lo que vas a hacer con tu vida. Has necesitado ir a tu profesor para obtener un pase para el baño, y ahora estás siendo bombardeado con preguntas sobre lo que vas a hacer en el camino de una carrera. Te vas a la universidad, donde descubres que necesitas ocuparte, y también eres el único responsable de asegurarte de que todas tus tareas se hagan a tiempo y de que sepas todo lo que tendrás que hacer en un futuro próximo. Ese no ha sido el caso en el pasado. Esto es abrumador. Sin embargo, al menos durante tus años de universidad, hay un parecido con tu antigua vida. Después es cuando muchas personas se sienten perdidas.

Hay un problema creciente después de la graduación universitaria en el que la gente pasa por un período de no saber qué hacer. Luchan por encontrar un trabajo relacionado con el campo en el que se graduaron, o cualquier otro trabajo. Esto inspira la depresión, así como la ansiedad. De hecho, es por eso que se ha ganado el nombre de "la depresión posgraduación". Los graduados se sienten deprimidos porque no tienen nada que hacer y como resultado de la culpa que sienten por no haberse "lanzado" todavía. También es un momento de gran temor. Se preguntan si alguna vez serán capaces de comenzar su vida. Puede que sientas la presión de tus padres para empezar tu carrera porque están observando tu situación usando su propia memoria de cuando tenían tu edad, sin darse cuenta de que la economía y la sociedad han cambiado desde entonces, y es mucho más difícil para una persona empezar su vida ahora.

Primero, duérmete a una hora razonable y levántate temprano en la mañana. Cuando estés nervioso por tu futuro, puedes encontrarte con el hábito de dormirte a una hora muy tardía y luego dormir hasta alguna hora de la tarde. Esta es una táctica de evasión porque entonces puedes decir, "Bueno, es demasiado tarde para ir a buscar trabajo ahora, el día casi ha terminado." No puedes evitar tu vida. Sucederá con o sin ti en el asiento del conductor. Establece un cierto número de solicitudes de empleo por día. Eventualmente, alguien dirá que sí.

Además, piense en explorar carreras alternativas. Por ejemplo, si eres excelente en la escritura, o simplemente tienes interés en ella, tal vez quieras considerar la escritura independiente. Podrías elegir complementar tus ingresos con ello, y para algunas personas, es su carrera a tiempo completo. Puede parecer imposible empezar, pero una vez que consigues el primer cliente, ya tienes un pie dentro. Entonces encontrarás a tu segundo cliente. La mayoría de las empresas necesitan un escritor. Puedes ser un blogger, un escritor técnico, un escritor de ficción, cualquier cosa que se te ocurra; hay un nicho para ello en el negocio de la escritura.

Mientras buscas tu carrera, no te castigues por el lugar en el que estás comparado con los demás. Estás dónde estás, y eso está bien. Antes de empezar, usa el tiempo que tienes entre medias para autodescubrirte. Una vez que entres en la fuerza de trabajo, será algo consistente, así que usa este tiempo intermedio para mejorarte a ti mismo. Averigua quién eres, y no sólo en términos de encontrar tu carrera. De hecho, cuando hayas hecho alguna auto-reflexión, puede que sea más fácil encontrar lo que quieres hacer con tu vida. Siéntete libre de probar algunas carreras antes de decidirte por una. Piense detenidamente si esto es algo que podría verse haciendo a largo plazo. No se castigue por lo que no ha hecho. Eso no te llevará a ninguna parte. Celebre lo que ha hecho, y sepa que va a hacer más en el futuro.

Mantener el tiempo perdido en tu contra no tiene sentido y sólo hará que pierdas más tiempo. Es un camino a ninguna parte. Hacerte sufrir por un error no lo deshace. Trátese como si fuera un amigo cercano que ha cometido un error. No le recordarías una y otra vez las cosas que hizo mal, y si alguien tratara de hacerlo, probablemente lo defenderías y le dirías a esa persona que no puede hablar con tu amigo de esa manera. Sé un amigo para ti mismo. Defiéndete y dile a esa voz en tu mente que no puede insultarte, y te lo tomas con calma. Hazle saber que te decidirás por ti mismo y que tu autoestima no tendrá nada que ver con los comentarios desagradables que haga.

Lo más importante que hay que recordar es que una vez que hayas mejorado tu comportamiento, debes felicitarte por ello en lugar de centrarte en los errores del pasado. No sólo no deshará esos errores, sino que se impedirá a sí mismo alcanzar éxitos futuros. Absuélvase del pasado para poder concentrarse en el futuro.

Capítulo 5. Lidiar con la postergación

¿Existe realmente una conexión entre el exceso de pensamiento y la postergación? Por qué sí, la hay, y en realidad es más dañina que tu postergación habitual. La postergación como resultado de pensar demasiado se llama "parálisis del análisis", esto significa que tienes tantos pensamientos corriendo a través de tu mente a la vez que no puedes elegir sólo uno. Tienes que escoger cada opción que tienes hasta que estés satisfecho, lo cual raramente es el caso (los que piensan demasiado nunca llegan a una elección concluyente).

Esta es una de las facetas más feas del exceso de pensamiento que realmente no recibe demasiada atención, principalmente porque la gente no equipara la postergación con el exceso de pensamiento y la ansiedad; creen que la postergación es sólo un subproducto de la pereza, y lamentablemente no es así.

¿Qué es el análisis de parálisis?

Antes de profundizar en este hábito dañino, considere la antigua fábula sobre el Zorro y el Gato. ¡El Zorro y el Gato hablaban en el bosque, el Zorro dijo «Nunca podré ser atrapado por los cazadores porque tengo cientos de ideas de cómo puedo escapar fácilmente de ellos!" El gato, que está un poco celoso, dijo: "Tienes tanta suerte que sólo conozco una forma de escapar a la captura". Al oír esto, el zorro se regodeó y regañó al gato por no ser tan listo como él.

De repente, en la distancia, la pareja escuchó el berreo de un grupo de sabuesos de caza. El gato se trepó rápidamente al árbol más alto que encontró para poder escapar. El zorro, en cambio, se quedó allí contemplando cuál de sus cien ideas de escape debía utilizar hoy; se quedó tan absorto en sus pensamientos que los sabuesos de los cazadores lo alcanzaron y capturaron al desconcertado zorro. Originalmente, la lección de la historia es no dejar que su arrogancia nuble su juicio, pero también puede ser usada como un ejemplo clásico de los peligros de la Parálisis de Análisis.

La parálisis del análisis, como su nombre indica, es el estado de sobreanálisis (o de sobrepensamiento) de las situaciones, tanto que no se toma una decisión o acción clara, lo que lleva a la parálisis del resultado.

Cuando una persona está experimentando parálisis de análisis, se absorbe tanto en el análisis y evaluación de los datos necesarios para tomar una decisión correcta, como el zorro de la fábula, que nunca llegará a la elección correcta, simplemente se quedará atascado allí con la boca abierta e incapaz de tomar ninguna forma de acción.

La parálisis del análisis ocurre cuando el temor de lo que podría salir mal es más fuerte que el potencial real de éxito. Este desequilibrio da lugar a la supresión de la toma de decisiones de una persona en un esfuerzo por preservar y probar otras opciones existentes. Este exceso de opciones disponibles puede hacer que la situación sea más abrumadora de lo que realmente es y, por lo tanto, causar una especie de parálisis mental, que hace que la persona sea incapaz de decidirse.

La parálisis de análisis se convierte en un problema aún mayor cuando se necesita urgentemente una decisión en situaciones críticas, pero la persona encargada no puede decidir con la suficiente rapidez, lo que da lugar a un problema aún mayor que antes si sólo se tomara una decisión rápida.

Análisis casual Parálisis

Hay diferentes formas de parálisis de análisis, pero hay dos distinciones principales: la parálisis de análisis personal y la parálisis de análisis conversacional.

Análisis personal

La parálisis del análisis casual puede ocurrir cuando se está tratando de tomar una decisión personal, pero no se puede porque se está sobreanalizando la situación a la que se está enfrentando actualmente. Esto sucede cuando el gran volumen de información que tienes que procesar comienza a ser demasiado dominante. Te sientes tan agobiado por la cantidad de cosas en tu cabeza que no puedes, por tu vida, tomar una decisión racional.

Hay algunos casos en los que la persona que toma las decisiones podría analizar con éxito todos los resultados posibles, e incluso escribirlos todos, pero luego inexplicablemente los tiraría a la basura porque no le gustaba cómo los analizaba. No sólo es un desperdicio de energía mental y física, sino que también es una pérdida de tiempo, lo cual no es una buena imagen cuando esto a menudo te sucede mientras estás en el trabajo.

Análisis conversacional

La parálisis de análisis puede ocurrir en cualquier momento durante cualquier conversación típica, sin embargo, la parálisis de análisis conversacional suele ocurrir cuando se discuten temas intelectuales y pesados. Durante el curso de una discusión intelectual, una persona puede sobreanalizar un tema específico, hasta el punto de perder el tema original de la conversación. Esto suele ocurrir porque los temas intelectuales complejos están interconectados con otras cuestiones intelectuales, y la búsqueda de estas otras ramas de la discusión de alguna manera tiene sentido lógico para los participantes. Sin embargo, en realidad esto no tiene mucho sentido porque confunde la conversación, y el tema de discusión se aleja mucho del original.

Cómo el exceso de pensamiento te está frenando

Retrasar la acción mientras se analiza en exceso la información disponible no ayuda a la productividad. Una encuesta de 2010 realizada por LexisNexis (una compañía de investigación legal) mostró que los empleados pasan más de la mitad de su día de trabajo sólo recibiendo y analizando información en lugar de hacer su trabajo. Sin embargo, eso es sólo lo que la gente ve en la superficie. Estudios en el campo de la psicología y la neurociencia mostraron que la parálisis de análisis tiene un mayor efecto en ti que sólo perder el tiempo.

Aquí están algunas de las formas en que la parálisis del análisis te está reteniendo:

1. La parálisis del análisis afecta negativamente a su desempeño en tareas mentalmente exigentes

Su memoria de trabajo le permite concentrarse sólo en la información que necesita para terminar sus tareas. Desafortunadamente, sólo tienes un suministro limitado de memoria de trabajo por día. Una vez que has agotado toda la memoria de trabajo disponible no puedes introducir más información en tu cerebro.

La investigación demostró que las situaciones de alto estrés pueden llevar a una disminución del rendimiento cuando se realizan tareas mentalmente exigentes, estas son las tareas en las que se depende mucho de la memoria de trabajo para terminar. Además, si hay más participantes que quieren rendir bien en una tarea, más se resiente su rendimiento. Los investigadores creen que la ansiedad y el estrés producen pensamientos de distracción que ocupan gran parte de su memoria de trabajo que podría haber utilizado para trabajar en sus tareas.

2. La parálisis de análisis se come a su voluntad

Un estudio publicado por la Academia Nacional de Ciencias examinó las decisiones tomadas por los jueces de la Junta de Libertad Condicional en un período de 10 meses. El estudio encontró que los jueces tenían más probabilidades de conceder la libertad condicional a los prisioneros temprano en la mañana e inmediatamente después de almorzar. También era más probable que negaran la libertad condicional cuando los casos se colocaban en su escritorio después de una sesión de trabajo particularmente larga. Este fenómeno se mantuvo durante el curso del estudio, un lapso que abarcó más de 1.100 casos, independientemente de la gravedad del delito, lo que lo convierte en algo más que una simple coincidencia.

¿Qué podría haber explicado estos sorprendentes e inquietantes descubrimientos? Los jueces sufrieron lo que los profesionales de la psicología llaman "fatiga de decisión". Cada decisión que la gente toma durante el día, como, por ejemplo, si apretar el botón de "snooze" o no, comer pescado o pollo en el almuerzo, y otras veces en que hay que elegir entre varias opciones, todas ellas provienen de una reserva limitada de fuerza de voluntad. Imagina tu fuerza de voluntad como si fuera un músculo; cuanto más la uses, más rápido la desgastarás, lo que te dejará mentalmente exhausto y abrumado. Por eso las personas que hacen dieta no tienen problemas para seguir su programa cuando todavía es temprano en el día y todavía están relativamente llenos después de comer un desayuno y un almuerzo saludables, pero es más probable que sucumban a la tentación de comer comida chatarra durante el descanso del café de la tarde. Durante el curso del día la cantidad de fuerza de voluntad que les quedará disminuirá, pero se repondrá por la mañana, sólo para que repitan el ciclo de nuevo.

Las cosas que haces sin pensar, como cepillarte los dientes o vestirte, requieren poca o ninguna fuerza de voluntad para que puedas pasar el día de alguna manera. Sin embargo, cuando se tarda demasiado en tomar una decisión, se agota rápidamente la poca fuerza de voluntad que le queda en la mente.

Cuando se está quedando sin fuerza de voluntad, su capacidad para tomar decisiones sabias se ve afectada. Esto significa que es más probable que elijas comer alimentos no saludables, dejar de hacer ejercicio y posponer el trabajo en tus proyectos secundarios. En resumen, cuando se analizan en exceso las decisiones, las decisiones más difíciles son aún más difíciles a largo plazo.

3. Cuando piensas demasiado te vuelves menos feliz

En 1956, Herman Simon, un economista, acuñó por primera vez el término "satisfactor", que es básicamente un estilo de toma de decisiones que da más peso a las soluciones que son sólo adecuadas en lugar de las que son óptimas. Los satisfactores son personas que sólo decidirán una vez que la mayoría, si no todos, de sus criterios se cumplan. Por ejemplo, sólo se quedarán en un hotel si el restaurante de la casa sirve el tipo de pasta que él quiere.

En comparación, los "maximizadores" quieren tomar la mejor decisión posible. Incluso cuando ven algo que cumple con sus criterios, no tomarán una decisión hasta que lo hayan comparado con otras posibles opciones. Desperdiciarán mucho de su tiempo y energía para encontrar opciones, independientemente de si tienen poca o ninguna importancia para la tarea real.

Independientemente de si eres un satisfactor o un maximizador, las investigaciones sugieren que tu comportamiento tiene un enorme impacto negativo en tu bienestar. Estos estudios encontraron que:

Los maximizadores están significativamente menos satisfechos, son felices, optimistas, tienen menos autoestima y tienen significativamente más remordimientos en comparación con los satisfactores.

Los maximizadores son más propensos a sufrir el arrepentimiento del comprador. No pueden evitar compararse con los demás y participar en el pensamiento contrafactual. Por ejemplo, inmediatamente se sienten tristes cuando compran un artículo, casi inmediatamente piensan en lo que hubiera pasado si hubieran elegido el otro artículo en su lugar. En lugar de felicidad cuando hacen una compra, sólo sienten arrepentimiento.

Los maximizadores son más propensos a caer en un estado de ánimo negativo una vez que notan que no se desempeñan tan bien como sus pares. Es como los celos profesionales, pero también se extiende a la vida personal de la persona. Constantemente se comparan con personas que conocen, y si no se perciben a sí mismos como mejores que sus pares, será razón suficiente para preocuparse en la parálisis del análisis.

Aunque el análisis de todas las opciones disponibles conduce al mejor resultado absoluto, la maximización sólo conducirá a más estrés, ansiedad, arrepentimiento, y aun así no estará completamente feliz cuando tome una decisión.

Bien, ahora sabes que pensar demasiado en cualquier decisión puede y sólo puede hacerte ansioso, mata tu productividad y en general baja tu autoestima, pero ¿qué puedes hacer para detenerlo?

Aquí hay algunas maneras simples que pueden ayudarle a dejar de analizar en exceso sus opciones, evitar quedar atrapado por la parálisis del análisis y comenzar a hacer todas las cosas que se supone que debe hacer:

Estructurar tu día de acuerdo a las decisiones que son más importantes para ti

No todas las decisiones son iguales. Por ejemplo, decidir sobre una marca de pasta de dientes para comprar más tarde es menos digno de su limitada oferta de fuerza de voluntad en comparación con, digamos, decidir sobre si aceptar o no los términos de sus proveedores.

Su capacidad para tomar decisiones de calidad se deteriora con cada elección que hace a lo largo del día, sin importar si dichas decisiones son intrascendentes o no. Por eso necesitas programar tu día para que puedas minimizar el número de decisiones que necesitas tomar cada día. Por ejemplo, divide tu carga de trabajo de manera que abordes tus tareas más importantes a primera hora de la mañana, mientras que aún te quede mucha fuerza de voluntad. Además, automatiza tus pequeñas e insignificantes decisiones para que no tengas que gastar energía en ellas. Tomemos como ejemplo a Mark Zuckerberg, como jefe de la mayor red de medios sociales del mundo, no puede molestarse en gastar energía decidiendo qué ropa necesita llevar, así que lleva la misma combinación de camiseta gris y vaqueros todos los días de la semana, a no ser que la ocasión le obligue a cambiarse.

Ni siquiera intente tomar grandes decisiones al final de la tarde, sólo agotará la cantidad de fuerza de voluntad que le quede en el cuerpo, y sólo le hará sentirse abrumado, malhumorado y arrepentido. Si te encuentras atrapado en una espiral descendente de parálisis por exceso de pensamiento y análisis, sal de ella haciendo algo que no esté relacionado con tu tarea anterior; o mejor aún, déjalo por hoy. Vuelve a la tarea a la mañana siguiente cuando tus reservas de fuerza de voluntad estén llenas.

Limite la cantidad de información que consume

Hay una cantidad virtualmente ilimitada de información que puedes consultar para cualquier tipo de problema que enfrentes. Por ejemplo, cuando estás escribiendo un informe de un libro, tienes un sinfín de sitios web a los que puedes ir para obtener toda la información importante que necesitas saber. Es por eso que necesitas enfocar tu investigación con una sólida intención.

Sherlock Holmes, el mayor detective literario que ha adornado las páginas de un libro, es infame por consumir sólo información que podría usar en su profesión. Por ejemplo, Holmes tiene poco o ningún conocimiento sobre Literatura, Filosofía y Política, que son temas que no considera importantes para su profesión. Sin embargo, sus habilidades en Botánica, Anatomía Humana y Geología son variables, él sólo tomó varios chismes de los temas para ayudarle en sus casos; por ejemplo, con respecto a la botánica, Holmes tiene una extensa biblioteca de conocimientos sobre plantas venenosas, especialmente las de la familia de la belladona.

Holmes sabe que la capacidad de su cerebro es muy limitada, así que sólo almacena la información que necesita. Sea como Sherlock Holmes, para su día de trabajo, sólo consuma la información que necesitará para terminar sus tareas; apague su smartphone, no abra sus cuentas de medios sociales, y no abra su correo electrónico personal, haga esas cosas al final del día.

Fija una fecha límite para que te hagas responsable...

De acuerdo con la Ley de Parkinson, su trabajo se expandirá para llenar el espacio de tiempo que le ha reservado. Por ejemplo, date una hora para terminar una tarea, y verás que te llevará exactamente una hora. Dese 15 minutos para terminar la misma tarea y podría terminarla en 15 minutos. Lo mismo ocurre con la toma de decisiones; si fijas un plazo para una decisión, te obligará a tomar una decisión eficiente dentro de ese tiempo establecido.

Sin embargo, engañarse a sí mismo para comprometerse con un plazo autoimpuesto puede ser bastante difícil, pero debe encontrar la manera de hacerse responsable. Una forma de hacerlo es hacer que su fecha límite sea lo más pública posible. Dile a un compañero de trabajo que te has dado una fecha límite para terminar tus tareas, o mejor aún, anuncia en tus cuentas de medios sociales que te estás dando una fecha límite. Cuantas más personas sepan de tu fecha límite, mejor.

4. Cíñete a tu objetivo principal

Identificar tu objetivo principal y luego mantenerlo puede ayudarte a superar tu tendencia a caer en la parálisis del análisis.

Todas sus decisiones deben centrarse en su objetivo principal. Si una decisión no afecta a su objetivo principal de ninguna manera, déjela para más tarde. Sólo piensa en las cosas que necesitas hacer para acercarte a tu objetivo principal. Al conocer tu objetivo principal, te ayuda a tomar decisiones rápidas y decisivas porque puedes evaluar inmediatamente las opciones disponibles.

Habla con alguien más para que puedas escapar de tu propia mente

Las personas están naturalmente predispuestas a sobreestimar lo infelices que serán cuando algo malo les suceda, y también a sobreestimar lo felices que serán cuando las cosas vayan a su favor. Los estudios han demostrado que los completos desconocidos son en realidad mejores para predecir su propia satisfacción o insatisfacción por una decisión que usted mismo tomó.

Siempre que te veas empantanado por una decisión que tienes que tomar, el simple hecho de pedirle a otra persona su opinión sobre el tema te ayudará a tomar una decisión con la que realmente estés de acuerdo, en comparación con tomar la decisión tú mismo sin la aportación de otras personas.

La próxima vez que te encuentres pensando demasiado en un tema importante, pregunta a un compañero de trabajo si puedes molestarlo por un minuto o algo así, o puedes consultar con tu supervisor, o si tienes uno, tu mentor. Cuando presentas tus deliberaciones a otras personas, en realidad te estás forzando a sintetizar la información de una manera más clara y concisa (en comparación con lo confusa y desordenada que era la información cuando todavía estaba en tu mente).

Además, el hecho de que otra persona valide sus ideas, especialmente si se trata de una persona a la que usted respeta, puede ser lo que usted necesita para superar sus dudas y ganar la suficiente confianza como para tomar más medidas.

Capítulo 6. Cómo dejar de pensar demasiado

El exceso de pensamiento es una de las condiciones mentales más comunes en el mundo, y desafortunadamente, es también una de las más debilitantes. Podrías pensar que no es gran cosa, todo el mundo se pierde en sus pensamientos a veces, ¿verdad? Pero cuando el exceso de pensamiento te golpea, te golpea fuerte. Esto es especialmente preocupante si tienes problemas con la ansiedad.

Ahora, si tienes alguna experiencia previa en caer en el casi interminable pozo espiral de la desesperación que es el exceso de pensamiento, entonces sabes lo horrible que es. Pensar demasiado puede impedirte disfrutar de las cosas que te gustaban hacer, como ir a fiestas, pasear por el parque, o simplemente reunirte con amigos. Pensar demasiado también puede afectar negativamente tu desempeño en el trabajo, te hace perder la motivación, te hace postergar tus tareas, y así arruinar cualquier posibilidad de progresar en el trabajo que puedas tener. Pensar demasiado también puede arruinar tus relaciones personales; nadie quiere estar cerca de una persona que siempre se está quejando, que está de mal humor y que tiene un temperamento tan corto, por lo que tendrás muy pocos amigos y es posible que no se queden mucho más tiempo.

Si el cuadro pintado arriba le parece familiar, entonces probablemente ya es consciente de que hay algo malo en usted, y que ya está desesperado por encontrar una manera de arreglarse y empezar a vivir de nuevo. Sin embargo, parece que todo lo que haces parece inútil, es como si siempre hubiera un obstáculo insuperable delante de ti. Pensar demasiado no sólo te deja agotado mentalmente, sino que también te hace sentir agotado físicamente. Es como tener un vampiro de la energía enganchado permanentemente en tu cuello, y se alimenta constantemente de la poca energía mental y física que tienes.

Sin embargo, no debe perder la esperanza todavía; hay muchas maneras que puede utilizar para superar su problema de exceso de pensamiento crónico. Pero primero, hay que empezar por comprender el problema central; hay que saber qué es el exceso de pensamiento, y a partir de ahí, se puede empezar a buscar las soluciones más viables.

Definido como un desorden de pensamiento excesivo:

Todo el mundo es absorbido por la madriguera del conejo de los pensamientos obsesivos a veces, y cuando sucede de vez en cuando, entonces está bien. Sin embargo, cuando el exceso de pensamiento comienza a consumir tu vida, es cuando se convierte en un problema mental crónico.

No todo el mundo es propenso a pensar demasiado, pero algunos son más propensos a sufrirlo. Por ejemplo, las personas con un historial de lucha contra la ansiedad casi siempre están lidiando con el exceso de pensamiento y sus consecuencias a diario. De hecho, pensar demasiado es uno de los factores desencadenantes de la ansiedad en la mayoría de las personas.

Incluso si no tiene ningún historial de problemas de salud mental, si se considera como una especie de "solucionador de problemas", entonces es propenso a pensar demasiado. Lo que usted considera como su activo más valioso, que es su mente analítica, puede convertirse en su peor enemigo cuando su pensamiento excesivo se desencadena. Los pensadores analíticos son los que son fácilmente arrastrados a un bucle sin fin de pensamientos improductivos e irracionales.

Además, si se encuentra en un punto bajo de su vida en el que tiene niveles inusualmente altos de incertidumbre, puede desencadenar su trastorno de sobrepensamiento. Si acabas de experimentar una pérdida importante en tu vida, como si te acaban de despedir de tu trabajo, tu pareja te ha dejado o alguien cercano a ti ha muerto recientemente, estos acontecimientos pueden provocar que tu mente entre en una espiral incontrolable de pensamientos improductivos.

¿Cuáles son los síntomas del exceso de pensamiento?

Ahora que tienes una idea de lo que es pensar demasiado, lo siguiente que necesitas saber son los signos de pensar demasiado para estar atento. Conocer los síntomas te informará de que tal vez debas ser cauteloso con el estado de tu salud mental, tal vez considere buscar ayuda profesional. De alguna manera puedes medir cuán profundo es el exceso de pensamiento identificando los síntomas que ya se han manifestado; si encuentras que tienes signos de ser un pensador excesivo crónico, entonces probablemente deberías considerar obtener ayuda profesional lo antes posible.

¿Tienes problemas para dormir?:

No puedes apagar tus pensamientos, incluso cuando lo intentas; de hecho, tus pensamientos empiezan a correr aún más rápido cuando intentas detenerlos. Todas estas preocupaciones y dudas que se arremolinan en tu cabeza te agitan y te impiden descansar lo suficiente.

Los que piensan demasiado conocen la sensación de no dormir lo suficiente, casi demasiado bien en realidad. El insomnio ocurre porque no tienes control sobre tu cerebro; no puedes apagar la cadena de pensamientos negativos que pasan por tu mente a cien millas por hora. Todas las cosas que te preocupaban a lo largo del día vuelven justo cuando te vas a dormir, y te sientes tan conectado que no puedes dormirte.

Si tiene dificultades para calmar su mente por sí mismo, puede probar diferentes actividades de relajación antes de irse a la cama. Hay muchas cosas que pueden ayudarte a calmar tu mente lo suficiente como para permitirte dormir un poco, como la meditación, escribir en un diario, colorear libros para adultos, dibujar, pintar, leer un libro, o incluso simplemente tener una conversación agradable con un ser querido. Haz cualquier cosa que pueda desviar tu atención de los pensamientos negativos el tiempo suficiente para que puedas dormir un poco.

¿Empiezas a automedicarte?

Numerosas investigaciones médicas han descubierto que la mayoría de las personas que sufren de un trastorno de sobrepensamiento han recurrido al uso de drogas recreativas, al alcohol, a comer en exceso o a otras formas de controlar sus emociones de alguna manera. Los que piensan demasiado sienten la necesidad de depender de estímulos externos porque creen que sus recursos internos (también conocidos como sus mentes) ya están comprometidos.

Nunca es una buena idea recurrir a tratar de tratarse a sí mismo por pensar demasiado. Lo más probable es que después siga pensando demasiado, y que tenga que enfrentarse a un problema diferente provocado por su automedicación.

Siempre estás cansado.:

Si te sientes constantemente cansado, tienes que tomar medidas. La fatiga es la forma en que el cuerpo te dice que lo escuches porque algo malo está pasando; no debes ignorarlo y simplemente saltar de una actividad a la siguiente.

Por lo general, la fatiga es causada por el sobreesfuerzo físico y la falta de descanso. Sin embargo, pensar demasiado también puede causar fatiga y agotamiento. Su mente es como un músculo; si la carga constantemente con docenas de pensamientos pesados y negativos todo el tiempo, y ni siquiera le da tiempo para recuperarse, se agotará y le causará el agotamiento.

Cuando los humanos aún vivían de la tierra, la gente no tenía tantas cosas de las que preocuparse, lo que significa que no tienen tantas cosas en las que pensar también. En el mundo moderno de hoy, la gente lleva una vida complicada que requiere que logren muchas cosas en poco tiempo. En este mundo acelerado, la necesidad de reducir la velocidad de vez en cuando es crucial para el bienestar de la gente. Así que, cuando te sientas fatigado, o mejor aún, si te sientes cerca, reduce la velocidad y averigua lo que tu cuerpo y tu mente necesitan antes de hacer cualquier otra cosa.

¿Tienen tendencia a sobreanalizar todo?:

Los que piensan demasiado tienen un gran problema, y es que siempre sienten que necesitan tener el control de todo. Planean cada aspecto de sus vidas, algunos incluso llegan a planear hasta el más mínimo detalle. Sienten que hacer esto es la única manera de sentirse seguros, pero siempre parece que les sale el tiro por la culata porque en realidad es imposible planificar todo lo que va a suceder en sus vidas.

Aun así, siguen planeando su futuro, y se ponen ansiosos cuando ocurren cosas inesperadas, y siempre parecen ser cosas inesperadas que ocurren todo el tiempo. Los pensadores odian lidiar con cosas sobre las que no tienen control, y temen lo desconocido. Cuando los problemas inesperados salen a la superficie, hacen que se sienten y reflexionen sobre las cosas en lugar de tomar medidas inmediatas para resolver el problema inesperado. Numerosos estudios médicos han demostrado que el exceso de pensamiento lleva a tomar decisiones erróneas, por lo que el exceso de pensamiento no ayuda realmente.

Cuando te sorprendas a ti mismo justo antes de empezar a pensar de nuevo, intenta hacer lo mejor para traer tus pensamientos al presente respirando profundamente y pensando en pensamientos felices. Antes de que tus pensamientos negativos se desborden dentro de tu cabeza, reconócelos y piensa en lo que pueden hacer por ti en el presente; hacer esto solo suele ser suficiente para deshacerte de estos pensamientos negativos porque descubrirás que su único propósito es causarte estrés.

¿Tienes miedo al fracaso?

Te crees un perfeccionista, y a menudo piensas en lo mal que te sentirías si fracasaras de alguna manera. Este miedo al fracaso puede ser tan fuerte que te paraliza, y te impide aprender de tus errores anteriores, que a menudo te llevan a repetirlos.

Los que piensan demasiado a menudo no pueden aceptar el fracaso, y harán todo lo posible para evitarlo. Irónicamente, piensan que la única manera de no fallar es no hacer nada en absoluto. Creen erróneamente que, para evitar el fracaso, no deben ponerse en posición de fracasar en absoluto, lo que también significa que no están en posición de tener éxito también.

Si esto suena como tú, recuerda que eres más que sólo tus fracasos; nadie podría recordar la última vez que la cagaste, eres sólo tú. Además, ten en cuenta que es imposible escapar del fracaso, y que nunca debes evitarlo en absoluto. Porque el fracaso te permite crecer y evolucionar.

¿Tienes miedo de lo que depara el futuro?:

En lugar de estar emocionado por las cosas que aún no ha experimentado, su ansiedad y el miedo a lo que podría salir mal le paralizan para no hacer nada.

Si tienes miedo de lo que el futuro pueda traer, entonces tu miedo te mantiene atrapado dentro de tu propia mente. Las investigaciones demuestran que este miedo al futuro puede ser tan paralizante que las personas que lo sufren tienden a recurrir a las drogas y/o al alcohol sólo para poder desentenderse de los pensamientos negativos que están clamando dentro de sus cabezas.

¿No confías en tu propio juicio?:

No puedes evitar cuestionar todas tus decisiones, tu ropa, lo que vas a comer, o incluso lo que vas a hacer durante el día. Siempre tienes miedo de tomar las decisiones equivocadas, y a menudo dependes de otros para asegurarte que tomaste la decisión correcta.

Los sobrepensadores, como se mencionó anteriormente, son *perfeccionistas* naturales; constantemente analizan, re-analizan y re-analizan de nuevo, todas las situaciones en las que se encuentran. No quieren ponerse en una posición en la que haya siquiera una ligera posibilidad de fracaso. No quieren tomar la decisión equivocada, por lo que se toman su dulce tiempo para decidirse; no confían en sí mismos lo suficiente como para tomar la decisión correcta para nada. Ellos son

tan fuera de su intuición que todas sus decisiones provienen de su cerebro, y esto no siempre es correcto ya que hay veces en las que sólo necesitas seguir tu instinto visceral. Además, si tu cerebro está atascado por docenas de pensamientos negativos, es difícil tomar una decisión clara.

¿Sufres de frecuentes dolores de cabeza por tensión?

Las cefaleas tensionales se sienten como si hubiera una banda de goma gruesa enrollada alrededor de las sienes, y se van apretando poco a poco. Además del dolor de cabeza, también puede sentir un dolor agudo o rigidez en el cuello. Si sufre de cefaleas tensionales crónicas, es una señal de que está trabajando demasiado y necesita descansar.

Y por descanso, también incluye el descanso de las actividades mentales, como el exceso de pensamiento. Los dolores de cabeza son una señal de que tu cuerpo necesita un descanso. Esto incluye tu mente. Además, es posible que no lo notes, pero cuando piensas demasiado, en realidad estás pensando en las mismas cosas una y otra vez.

Los sobrepensadores suelen tener patrones de pensamiento negativos que se enlazan entre sí. Para luchar contra esto, necesitas romper este bucle reforzando los pensamientos positivos. Respira profundamente y enfoca tu mente cada vez que tu pecho suba y baje, estar atento al presente te ayudará a deshacerte de los pensamientos negativos y del dolor de cabeza por tensión que los acompañan.

Rigidez en las articulaciones y dolor muscular:

Puede sonar descabellado, pero pensar demasiado puede afectar a todo el cuerpo, no sólo a la mente. Y una vez que tu cuerpo físico se vea afectado por tus pensamientos negativos fuera de control, no pasará mucho tiempo hasta que tu bienestar emocional también se vea afectado. Hasta que no abordes y te deshagas de los problemas subyacentes que te hacen pensar demasiado, los dolores del cuerpo continuarán. Pensar demasiado puede comenzar en tu mente, pero sus efectos se extenderán gradualmente a las otras partes de tu cuerpo.

¿No puedes quedarte en el presente?:

Cuando pienses demasiado, te será difícil vivir en el momento presente y disfrutar de tu vida tal y como ocurre. Pensar demasiado hace que pierdas la atención en las cosas que suceden a tu alrededor, estás tan absorto en pensar en tus problemas una y otra vez que parece que estás atrapado dentro de tu propia mente. Si tu mente se atasca con una tonelada de pensamientos innecesarios, te estás alejando del presente, y esto puede afectar y afectará negativamente a tus relaciones personales.

Necesitas abrirte al mundo que te rodea; no te dejes envolver demasiado en pensamientos negativos. Los únicos pensamientos que debes permitir dentro de tu mente son los que sirven a tu bienestar, ignora y olvida los que te hacen caer. Hay tanta belleza en la vida, y las oportunidades de tener experiencias increíbles son ilimitadas. Sin embargo, sólo puedes apreciarlas si logras desconectar el parloteo ocioso de tu mente y empiezas a escuchar a tu corazón en su lugar.

Diferentes causas de sobrepensar:

Una vez más, no hay nada malo en pensar en tus problemas para poder pensar en una solución para ellos, se vuelve preocupante cuando tienes el mal hábito de retorcer las narraciones en tu cabeza hasta que puedas ver cada ángulo y lado de ella. Pensar demasiado no es productivo, ya que sólo te hace pensar en tus problemas; no buscas una solución para ellos, y sólo te haces sentir miserable.

Para encontrar una forma efectiva de romper con el hábito de pensar en exceso, tienes que averiguar qué lo causó en primer lugar. A continuación, se presentan algunas de las razones más comunes por las que la gente tiende a pensar demasiado en sus problemas en lugar de encontrar una solución para ellos.

1. Falta de confianza en sí mismo

Si no tienes confianza en ti mismo, tiendes a dudar de cada pequeña cosa que dices o haces. Cuando dudas, aunque sea un poco, sobre las cosas que quieres hacer, estás dejando que la incertidumbre y el miedo se cuelen en tu mente, y será muy difícil sacarlos de ahí. Nunca puedes saber realmente qué decisiones te tomarán; incluso si planeaste cada pequeño detalle, el resultado no será exactamente lo que esperabas (podría ser mejor o peor de lo que planeaste). Por eso debes aprender a arriesgarte y no torturarte cuando no has obtenido los resultados que deseabas.

2. Cuando te preocupas demasiado

Es natural que te preocupes cuando te encuentras con cosas y eventos nuevos y desconocidos. Sin embargo, si te preocupas demasiado y no puedes ni siquiera imaginar un resultado positivo, entonces te hará pensar demasiado. Esto es problemático porque la preocupación atrae aún más problemas, a veces los crea de la nada, lo que hace que pensar demasiado sea aún más profundo. En lugar de pensar en cómo podrían salir mal las cosas, es mejor pensar en cosas más positivas, como, por ejemplo, en lo bien que te sentirías si un determinado resultado se volviera a tu favor.

3. Cuando pienses demasiado en protegerte a ti mismo

Algunas personas creen que pueden protegerse de los problemas cuando piensan demasiado, pero la verdad es que pensar demasiado es una trampa que mata su progreso. Pensar demasiado y no hacer nada para cambiar el statu quo puede parecer bueno, pero sofocar tu progreso nunca es algo bueno en absoluto. Además, cuando piensas demasiado, no te quedas en la misma posición. En realidad, estás deshaciendo cualquier cantidad de progreso que hayas logrado hasta ahora.

4. No puedes "apagar" tu mente

Muchos pensadores se volvieron así porque no pueden apartar sus mentes de sus problemas por más que lo intenten. Las personas que son sensibles al estrés viven como si estuvieran constantemente en tensión; de alguna manera han olvidado cómo relajarse y cambiar su cadena de pensamientos. El exceso de pensamiento ocurre cuando una persona se estresa demasiado en un solo problema, y no puede desviar su atención de él.

5. Siempre estás persiguiendo la perfección

Ser un perfeccionista no es necesariamente algo bueno. De hecho, se podría argumentar que ser un perfeccionista no es bueno en absoluto. La mayoría de las personas que luchan con el perfeccionismo están constantemente ansiosos. A menudo se despiertan en medio de la noche, pensando en las cosas que podrían haber hecho mejor. Ser un perfeccionista causa un exceso de pensamiento porque siempre estás tratando de superarte a ti mismo.

Capítulo 8. Cómo dejar de pensar demasiado con la Meditación Mindfulness

Estás familiarizado con la meditación, pero lo que vas a aprender aquí es cómo superar tus pensamientos excesivos es la meditación de la atención. Esta forma de meditación nos anima a permanecer conscientes y presentes centrándonos en nada más que en la conciencia de tu entorno existente. La meditación es en realidad una técnica antigua que entrena el cerebro para fortalecer sus poderes de concentración. Algo así como un entrenamiento de gimnasio, excepto por tu cerebro esta vez. Algunos *arqueólogos* creen que la meditación podría tener una antigüedad de 5.000 años, aunque los científicos sólo empezaron a estudiar los cerebros de aquellos que meditaban regularmente hace aproximadamente 60 años. Aun así, el hecho de que esta práctica haya logrado sobrevivir tanto tiempo significa que hay algo extraordinariamente poderoso y efectivo en ella.

Lo que los investigadores han descubierto a lo largo de sus estudios es que la meditación cambia la estructura de tu cerebro, haciéndolo mucho más poderoso. Se sabe que los meditadores de largo plazo han desarrollado habilidades casi sobrehumanas. Por ejemplo, su capacidad de mantener la calma incluso en las situaciones más estresantes que tendrían los no meditadores al final de su ingenio. También podían producir ideas más creativas y originales, por no mencionar la mejor memoria que tenían en comparación con los que no meditaban regularmente. Un *experimento* reveló cómo los monjes meditadores eran capaces de secar sábanas heladas y húmedas a bajas temperaturas elevando y controlando *su temperatura corporal* a través del poder de la meditación.

Para entender la forma en que la meditación nos afecta, necesitamos mirar los recientes descubrimientos sobre cómo funciona el cerebro humano. Sólo en los últimos 10 años, lo que los científicos han llegado a descubrir es que cada vez que aprendemos, sentimos o pensamos algo, una nueva conexión aparece en el cerebro. Lo que más repetimos, como los hábitos, hacen que estas conexiones aumenten en fuerza. Simultáneamente, las conexiones que no usamos se debilitan con el tiempo hasta que finalmente desaparecen por completo de la mente. Por eso los hábitos son automáticos y requieren muy poco pensamiento para llevarlos a cabo. Por ejemplo, la forma en que practicas el cepillado de dientes cada día hace que la tarea parezca mucho más fácil que intentar algo nuevo como ir a correr por la mañana antes del trabajo. Sin embargo, si dejara de cepillarse los dientes durante unos días, sorprendentemente, empezaría a parecer que requiere un esfuerzo ligeramente mayor que antes.

Algunos *investigadores* han llegado a sugerir que no elegimos nuestro comportamiento. En su lugar, nuestro comportamiento está programado por las conexiones neuronales del cerebro. El cerebro es como un iceberg, donde la punta del iceberg (la parte más pequeña) representa la mente consciente. Aquí están todas las cosas que *podemos elegir conscientemente*, como comer o resolver un complicado problema de matemáticas. La parte más grande del iceberg, la que está sumergida y oculta bajo la superficie, es donde reside la mente inconsciente. La mente inconsciente es la responsable de la mayoría de nuestros comportamientos, ya que también es donde residen nuestros pensamientos y sentimientos. La mente inconsciente, por lo tanto, causa comportamientos cómo reaccionar a los argumentos de la misma manera o reaccionar emocionalmente más de una vez, incluso cuando sabemos que es el enfoque equivocado a tomar. Esto sucede porque no somos conscientes de que estamos siendo controlados por la parte inconsciente del cerebro.

Las conexiones neuronales en la parte inconsciente de la mente son fuertes. Esto lleva a muchas personas a creer que "no pueden cambiar" la forma en que reaccionan o actúan en ciertas situaciones. Esta respuesta automática es lo que llamamos *personalidad,* pero en realidad, son la mente inconsciente, las emociones y los hábitos que seguimos repitiendo porque es todo lo que sabemos hacer.

Las investigaciones han descubierto que la meditación de atención plena puede mejorar la concentración, la memoria y reducir la fijación en las emociones negativas y disminuir las reacciones impulsivas y emocionales. *Esto puede ser cambiado.* Todo lo que sabemos y aprendemos siempre puede ser desarrollado a través de la práctica. Puedes entrenar tu cerebro para hacer lo que quieras. Para iniciar los cambios que quieres ver, necesitas primero cambiar tu cerebro creando nuevas conexiones y luego practicando estas conexiones hasta que sean lo suficientemente fuertes para ser automáticas. Las cosas que te resultan difíciles de hacer ahora se volverán más fáciles con la práctica.

Piensa en cómo te esforzaste por hacer ejercicio al principio. O incluso cuando eras un niño aprendiendo a leer. Esos primeros intentos se sintieron como una inmensa lucha en ese entonces, pero como seguiste practicando y persistiendo, el comportamiento se volvió automático. Ahora, puedes pasar rápidamente una frase con facilidad, y no hace falta mucha persuasión para ponerse la ropa de entrenamiento y empezar a sudar. Aquí es donde entra en juego la práctica de la meditación. Nos ayuda a cambiar la estructura del cerebro creando nuevas conexiones en varias áreas del cerebro.

Pensar demasiado lleva a un estrés continuo, y el estrés continuo lleva a problemas de salud mental. La depresión y la ansiedad son ejemplos muy claros de lo que puede sucederle si continúa dejando que sus pensamientos sean los que controlen. La meditación disminuye el tamaño de la amígdala, el centro del miedo del cerebro, y de dónde vienen todos nuestros pensamientos y emociones negativas. La meditación también disminuye los niveles de cortisol, lo que lleva a una mayor capacidad para lidiar con situaciones estresantes mucho mejor. Durante la meditación, aprenderás la habilidad crucial de aprender a observar *tus pensamientos y emociones* sin reaccionar a ellos, lo cual es necesario para la atención. Con la meditación frecuente, existe la posibilidad de cambiar significativamente tu comportamiento y personalidad.

Cómo meditar

La meditación es una de las formas más simples de entrenamiento mental que puedes hacer. Todo lo que se necesita es que te concentres en tu respiración mientras permites que tus pensamientos y sentimientos vayan y vengan. Con la práctica continua, tus habilidades de concentración, conciencia y atención aumentan significativamente. Parece fácil (y lo será con la práctica), pero al principio, puede que descubra que concentrarse en la respiración no es tan fácil como parece después de todo.

¿Dónde debo meditar?

Técnicamente, la meditación puede hacerse en cualquier lugar que se desee, ya que es un ejercicio para la mente. Puedes meditar sentado en una silla o en el suelo, incluso cuando estás acostado en la cama. Sin embargo, se recomienda evitar la meditación en la cama siempre que sea posible, ya que podría quedarse dormido y tener dificultades para concentrarse.

Sentarse en el suelo con la espalda y la columna vertebral rectas se considera la forma óptima y beneficiosa de meditar. Esta posición le mantiene bien despierto y le permite sentarse durante un período prolongado mientras lleva a cabo su sesión de concentración.

¿Qué hago cuando medito?

¿Qué debes hacer con tu cuerpo mientras meditas? Bueno, lo primero que hay que hacer es ser consciente de la posición de los pies. Muchos meditadores regulares y experimentados aconsejarán que sus pies estén uno encima del otro. Sin embargo, esto no siempre es necesario, y no tienes que hacerlo si no te sientes cómodo. Los principiantes pueden preferir tener los pies entrecruzados uno encima del otro, algo así como un pretzel mientras los brazos descansan sobre los muslos. Las manos deben estar apoyadas una encima de la otra y formar la forma de una taza. Si quieres tocar tus pulgares juntos mientras haces esto, está perfectamente bien. Lo que importa es que tus brazos se sientan relajados mientras mantienes la espalda recta y la cabeza a nivel.

La cabeza no debe estar inclinada ni hacia arriba ni hacia abajo. Relájate y mira hacia adelante naturalmente. En cuanto a tus ojos, tienes la opción de meditar con ellos abiertos o cerrados, dependiendo de tu preferencia. La mayoría de los meditadores experimentados prefieren hacerlo con los ojos cerrados para una mayor concentración, pero de nuevo haz lo que te resulte cómodo y lo que te funcione. Si eliges meditar con los ojos abiertos, evita enfocarte en un objeto que esté delante de ti. En su lugar, intenta mirar a la distancia.

¿Cuánto tiempo necesito meditar?

Como principiante, querrás poner una alarma antes de empezar tu sesión de meditación. Cuando empiezas a meditar, el tiempo tiende a ser mucho más lento porque tu cuerpo y tu mente están tratando de acostumbrarse a este nuevo hábito. Al poner una alarma, eliminas la necesidad constante de preguntarte cuánto tiempo te queda o cuánto tiempo llevas haciéndolo ya. Los principiantes pueden aspirar a poner unos 5 minutos en el reloj para empezar mientras se aclimatan a esta práctica. Una vez que la meditación se convierte en una práctica diaria y te acostumbras a sentarte en esta posición, puedes aumentar gradualmente tus bloques de tiempo, meditando todo el tiempo que quieras. El tiempo recomendado para la meditación es aproximadamente de 10 a 20 minutos al día.

¿Qué hago mientras medito?

Esta es la parte difícil. Hay varias formas de meditación que se pueden llevar a cabo. Ciertas formas de meditación te animan a centrarte en tu respiración (atención) y en la bondad amorosa, mientras que otras pueden implicar el canto de un mantra (afirmación). La meditación de la respiración mindfulness es una de las formas de meditación más comúnmente enseñadas, y dado que estás tratando de superar tu hábito de pensar demasiado, esta es la meditación con la que quieres empezar.

La meditación de la atención plena es fácil de aprender, y se considera tan perspicaz y poderosa como cualquier otra forma. Con esta forma de meditación, quieres empezar asegurándote de que estás respirando por la nariz. Una vez que hayas establecido un ritmo, enfoca *toda tu atención* en tu respiración y observa la forma en que el aire entra y sale de tu cuerpo. Presta atención al aire que entra y sale por tus fosas nasales; observa la forma en que tu respiración hace la transición de inhalar a exhalar. Incluso preste atención a las pequeñas pausas que ocurren entre el momento en que inhala y exhala. No juzgue. No critique. Sólo mantén la calma y observa; es todo lo que necesitas hacer.

Rápidamente notará que los pensamientos empiezan a aparecer en su mente y tratará de distraerlo de esta simple tarea en la que se supone que debe concentrarse. Si notas que tu mente está vagando, no te preocupes. Simplemente lleve sus pensamientos hacia su respiración y concéntrese en ella. Así es como se empieza a entrenar el músculo de la mente. Muchos principiantes a menudo encuentran muy difícil concentrarse en nada más que en la respiración, así que no estás solo si sientes que esto es una lucha. Si esto sucede, no seas demasiado duro contigo mismo o demasiado crítico, esto es perfectamente normal. Todo lo que necesitas hacer es volver a centrar tu atención en tu respiración siempre que la mente divague.

¿Con qué frecuencia debo hacerlo?

Lo ideal sería que se intentara hacer de la meditación consciente un hábito diario. Cuanto más lo hagas, más fácil te resultará concentrarte en nada más que en tu respiración mientras tu músculo de atención se fortalece. Meditar cada día te da la mejor oportunidad de ver los beneficios rápidamente. Puedes hacerlo una vez al día, dos veces al día, o incluso tres veces al día si tienes tiempo. Puedes hacerlo tantas veces al día como quieras, pero lo que más importa es que lo hagas TODOS LOS DÍAS.

¿Qué tan pronto puedo esperar ver los beneficios?

Bueno, tienes que hacerlo todos los días para ver los beneficios mucho antes. El tiempo que pases meditando diariamente también jugará un factor en la rapidez con que empieces a experimentar los beneficios. En última instancia, es difícil fijar un marco de tiempo exacto ya que la experiencia va a diferir de una persona a otra. Algunas personas son menos conscientes en general debido al estilo de vida que llevan y a la forma en que crecieron, por lo que es posible que necesiten más tiempo antes de empezar a ver un cambio real. Lo mejor que puedes hacer es seguir practicando y no comparar tu viaje con el de otra persona. No importa cuán rápido o lento empiecen a ocurrir los beneficios. Lo que importa es que, si sigues practicando, sucederán.

Por qué necesita practicar la atención plena

Pensar demasiado es una distracción, y esa es sólo una de las muchas razones por las que se necesita estar atento para vivir el presente. Por muy dolorosas que sean algunas de las partes difíciles de la vida, así es la *vida*, y necesitamos abrazarla de todo corazón, tanto lo bueno como lo malo. La atención nos enseña que aún es posible encontrar la felicidad incluso en los momentos más oscuros. No siempre es posible ser consciente el 100% del tiempo, pero las siguientes razones te recordarán por qué necesitas hacer un esfuerzo para vivir consciente cada día:

- Pasamos más tiempo del que deberíamos cuando seguimos viviendo en nuestras cabezas preocupándonos por el pasado o el futuro. Nos preocupamos por lo que no podemos cambiar y sobre lo que no tenemos control. La atención es la única herramienta que es lo suficientemente efectiva para que rompas el hábito poco a poco. El pasado sólo existe en nuestra memoria, y el futuro está por venir. Esto significa que la única *vida real* que tiene lugar es tu presente. El aquí y el ahora.

- Es imposible dejarse llevar cuando se sabe exactamente lo que sucede con los pensamientos, las emociones y los sentimientos. En lugar de dejarte llevar por tus pensamientos excesivos esta vez, la atención te convertirá en un observador. Piensa en tus pensamientos como un río que fluye. No puedes detener a la fuerza el flujo del agua. Cuando entres en el río, serás arrastrado, así que, en vez de eso, lo mejor que puedes hacer es practicar sentado junto al río, viendo cómo fluye. Al convertirse en un observador, tus pensamientos y emociones aflojan el control que tienen sobre ti. Ya no te sientes impotente, y como si te estuvieras ahogando. Te vuelves calmado, tranquilo, y esta vez eres tú el que tiene el control. Como el río que fluye, los pensamientos no se quedarán para siempre a menos que elijas dejarlos. No intentas luchar contra tus pensamientos, juzgarlos o cambiarlos a la fuerza. Sólo estás ahí para observar.

- *Construye relaciones más fuertes* - Entre los pensamientos preocupantes más comunes que tienden a plagar la mente de un pensador es la ansiedad que sienten sobre lo que otros piensan de ellos. Es difícil formar grandes conexiones cuando no estás *escuchando* realmente lo que se te dice. Claro, estás ahí delante del orador, pero cuando estás preocupado por tus pensamientos, no estás escuchando activamente, y te pierdes información importante que podría haber sido utilizada para fortalecer tu relación. La atención puede cambiar el tipo de conversaciones que tienes con la gente al animarte a prestar atención y a estar abierto a sus necesidades. Dejar todo lo demás a un lado durante esos pocos minutos y prestar atención a lo que se te dice. Una vez que empiezas a escuchar activamente, las conversaciones parecen más ricas y significativas. La otra persona comienza a involucrarse más cuando se da cuenta de que tú también le estás prestando atención activamente. Les hace sentir que lo que tienen que decir importa, y eso, a su vez, los anima a ser más abiertos y a compartir más de su vida contigo.

- *Te hace consciente de que tienes todo lo que necesitas para ser feliz -* *Seguimos* buscando la felicidad y luego nos frustramos cuando parece difícil de alcanzar. A través de la atención, sin embargo, te das cuenta de que ya tienes todo lo que necesitas para ser feliz. No puedes verlo porque estás demasiado distraído con tus pensamientos. Cuando empiezas a vivir en el presente, te das cuenta de que no hay necesidad de aferrarte a las cosas que te hacen infeliz. No necesitas aferrarte a las quejas sobre tu pasado o preocuparte por tu futuro. Tus ojos comienzan a abrirse al hecho de que quizás muchos de los problemas que tienes hoy se crearon en tu mente, y si los analizas poco a poco, puede que no haya mucho de qué preocuparse después de todo. Sentirse agradecido por la vida que tienes es tu mayor defensa contra la negatividad. No necesitas depender de cosas externas o materiales para ser feliz cuando te sientes bien por dentro.

- *Te recuerda que debes cuidarte a ti mismo -* No puedes cuidar a nadie más si no te cuidas a ti mismo primero. El autocuidado puede ser una dura lección para los que piensan demasiado, ya que tienden a cruzar sus límites. Su pensamiento excesivo puede llevarlos a presionar demasiado hasta que finalmente se queman. La atención te hace más consciente de tus fortalezas y tus límites. Es menos probable que te esfuerces demasiado cuando eres consciente de cómo se sienten tu mente y tu cuerpo. Empiezas a respetar más tu cuerpo, y poco a poco pierdes el impulso de mantener las expectativas de la sociedad si eso te hace infeliz. Está perfectamente bien hacer lo que te hace feliz sin tener que sentirte culpable por ello.

Capítulo 9. Cómo dejar de pensar en exceso con el autodiscurso positivo

La práctica de la autodiscusión positiva es una de las formas más rápidas de salir de tu cabeza. Es la práctica de ser optimista y ver lo positivo en casi cualquier situación. Cuando no puedes ver lo positivo, al menos eres lo suficientemente consciente de la situación como para que no te envíe a una espiral de pensamiento negativo. Eres capaz de ver la situación tal como es.

A estas alturas, espero que haya podido identificar algunas de las formas en que está saboteando su salud mental y que ahora esté más consciente de cuándo ocurre. Ahora no será fácil cambiar el discurso negativo, pero con algo de diligencia y consistencia, es posible. Requiere práctica, tiempo y algo de gracia hacia ti mismo cuando te equivocas.

¿Qué es el autodiscurso?

El autocontrol es la charla interna que se produce entre tú y tu cerebro. Es esta charla interna que puede ser tanto positiva como negativa, puede ser angustiante, y esto puede depender en gran medida de tu personalidad. Si eres optimista, entonces tu diálogo interno será más positivo, lo que ofrece algunos beneficios para la salud y una mejor calidad de vida. Lo contrario puede decirse de ser un pesimista, pero con diligencia y trabajo duro, el diálogo interno negativo puede cambiar sin importar su personalidad y educación.

El diálogo positivo con uno mismo tiene muchos beneficios, incluyendo la mejora de su bienestar general, el aumento de su bienestar físico y menos estrés. Otros beneficios para la salud pueden incluir:

- Aumento de la vitalidad

- Mayor satisfacción de la vida

- Mejor sistema inmunológico

- *Alivio del* dolor

Nadie sabe realmente por qué esto funciona y por qué las personas con una visión más positiva de la vida experimentan estos beneficios, pero las investigaciones sugieren que estas personas pueden tener las habilidades mentales para ser capaces de hacer frente a situaciones estresantes, lo que puede reducir los efectos nocivos del estrés.

Louise Hay, la conocida autora de "Cura tu vida y sana tu cuerpo", lo puso en práctica cuando le diagnosticaron cáncer cervical en 1978. Consideró opciones alternativas a la cirugía y en su lugar decidió crear su propio programa intensivo. Usando afirmaciones, visualizaciones, limpieza nutricional, y psicoterapia ella pudo curar su cáncer completamente en seis meses.

Cómo practicar

Llevará tiempo captar la autocomplacencia negativa porque está tan arraigada en ti y se siente tan normal, pero puede cambiarse con la práctica. Una vez que empieces a reconocer tus patrones, entonces podrás empezar a abordar las mejores prácticas para ti.

Ejemplos:

Negativo: Fallé, ¿por qué lo intenté? Ahora estoy avergonzado.

Positivo: ¡Vaya! Estoy orgulloso de mí mismo por probar algo nuevo. Eso fue valiente de mi parte.

Negativo: Nunca he hecho esto antes, por qué lo intenté, seré tan malo en ello.

Positivo: Esta es una gran oportunidad para mí de aprender algo nuevo.

Hablar en el espejo - esto puede parecer tonto y sentirse incómodo al principio, pero habla contigo mismo en el espejo. Mírate a los ojos y habla. Dígase a sí mismo que se ama a sí mismo, que ama su cabello, sus ojos, lo que sea, sólo empiece a hablar positivamente de sí mismo.

Afirmaciones - escribe afirmaciones en todas partes de tu casa. En la puerta al salir de la casa, en los cajones de la cocina, en el espejo del baño, en el coche, etc. Ver y leer estas afirmaciones tendrá un efecto positivo en su cerebro y aumentará su serotonina, que es el químico "feliz" en nuestro cerebro porque promueve la felicidad y el bienestar.

Gente positiva - mira con quién te rodeas, lo creas o no nos alimentamos de la energía de aquellos con los que nos asociamos, así que encuentra gente que te inspire, te levante y te anime.

Agradecimiento

Dadas todas las ideas enumeradas a lo largo de este libro, sentí que esta merece su propio título ya que creo firmemente que es una de las formas más rápidas de convertir la autodeclaración negativa en positiva y prepararse para el éxito.

La gratitud se define como un sentido general de sentirse agradecido. Una emoción que expresa apreciación por lo que tienes.

Puede existir tanto como un sentimiento temporal como una parte inherente de lo que eres. La gratitud requiere un reconocimiento de algo que ocurrió que fue positivo y fuera de ti. Mientras que la mayor parte de este libro se ha dirigido a la curación de nuestro mundo interior y eso es crucial para sortear el exceso de pensamiento y nuestra ansiedad y depresión, también necesitamos aceptar que algunas fuerzas externas son necesarias para hacernos felices, pero tenemos que mostrar gratitud por estas cosas.

Generalmente se ve como un sentimiento espontáneo, pero también se está convirtiendo cada vez más en una práctica para contar sus bendiciones y estar agradecido por lo que está delante y alrededor de usted. Debido a esto, puedes cultivar deliberadamente un sentimiento de gratitud.

La gratitud importa

Es posible sentirse agradecido por los seres queridos, los colegas y la vida en general. Esta emoción genera una atmósfera de positividad. Encontrará que, con el tiempo, este sentimiento aumenta la felicidad y promueve la salud física y emocional, incluso cuando se lucha con obstáculos de salud mental. Puede que sea un poco más difícil buscar la gratitud en estos casos, pero con práctica, tiempo y consistencia encontrarás que es tu salida para los tiempos difíciles.

La práctica de la gratitud frena las palabras y los pensamientos negativos, y aleja la atención interna de la ira, el resentimiento y los celos, lo que reduce al mínimo la posibilidad de que la situación se convierta en una espiral descendente de rumores o catástrofes.

La gratitud comienza con la constatación de la bondad de su vida, que puede ser dura en este mundo de materialismo y constante comparación con otros a través de los medios de comunicación social, pero es posible.

Puede empezar poco a poco, simplemente notando algo en tu día por lo que estás agradecido, tal vez es tu trabajo porque eso te permite poner comida en tu mesa, o en tu casa y tener un techo sobre tu cabeza para que estés seguro, tal vez es tu coche porque la aglomeración en el tránsito te hace sentir incómodo. Sea lo que sea, da las gracias, agradece y demuéstralo, reconócelo. Llevo un diario y escribo en él cada mañana y/o tarde al menos de tres a cinco cosas por las que estoy agradecido ese día. Ha hecho una gran diferencia en la forma en que veo las cosas y reacciono a ellas.

La gratitud es, con mucho, la mayor herramienta que me ha ayudado en algunos días oscuros. Ser capaz de estar agradecido por cualquier situación sabiendo que es por mi bien más elevado ha convertido la mayoría de mis charlas negativas y mis pensamientos oscuros en positivos. Cuando me encuentro volviendo a un estado de ánimo negativo, todo lo que tengo que hacer es enumerar rápidamente algunas cosas por las que estoy agradecido y la negatividad desaparece.

No siempre fue así; tomó tiempo, práctica y consistencia.

Ahora la verdadera magia de la gratitud que he descubierto ocurre cuando eres capaz de empezar a estar agradecido por la gente y los problemas en tu vida que te desafían. Por ejemplo, acabas de pasar por una horrible batalla de divorcio y custodia de tus hijos. Detestas a tu ex por todo lo que te ha hecho pasar, pero sin esta persona, no tendrías tus increíbles hijos. Te das cuenta de que estás agradecida con él/ella por darte tal regalo. Ahora, me doy cuenta de que esto puede sonar un poco inverosímil y difícil de entender, pero puedo hablar por experiencia que esto funciona. Recientemente he pasado por esto mismo. Aunque no soy fan de mi ex en absoluto, estoy extremadamente agradecida por el regalo de mi hijo que no estaría en este mundo sin mi ex. Lo creas o no, cambiar a esta forma de pensar ha hecho que los viajes de la corte y tan poco más fácil de tratar.

Si eso parece un poco difícil al principio, entonces prueba esto:

- ¿Quién te ha inspirado? ¿Por qué?

- *Lleve* un diario de gratitud - Escriba grandes y pequeñas alegrías de la vida diaria o intente identificar de tres a cinco cosas buenas que ocurrieron ese día.

- *Intenta imaginarte cómo sería* tu vida si no hubiera pasado nada positivo.

Capítulo 10. Desarrollando una mentalidad ganadora

Una actitud ganadora es algo que desarrollamos. Es el resultado del acondicionamiento adecuado. Las mismas personas que parecen tan uber-confiadas y entusiastas pueden llegar a ser justo lo contrario de lo que desarrollan una mentalidad negativa, y lo mismo ocurre a la inversa.

Si quieres salir de la trampa de los procesos de pensamiento negativos y desarrollar una mentalidad ganadora, tendrás que traer algunos cambios positivos en tu personalidad.

A continuación, se presentan algunos pequeños pero importantes cambios que debe hacer en su vida personal diaria y en su personalidad para desarrollar una mentalidad ganadora. Estos cambios no son muy significativos, pero pueden dejar un impacto muy profundo en su cerebro consciente y en la forma en que percibe los problemas. Esto es algo que importará mucho cuando se trate de tener una mentalidad ganadora.

Empieza el día con Positividad

Este es un punto que ya hemos discutido en capítulos anteriores, pero no se puede enfatizar lo suficiente. La forma en que empezamos el día tiene un impacto muy profundo en la forma en que terminará o al menos irá en su mayor parte.

Si te has levantado tarde y desde el principio te preocupa que el día vaya a ser malo, puedes estar seguro de que estás en lo cierto porque has marcado el tono del día. Por otro lado, si te despiertas sonriendo y dejas tu casa esperando que pasen cosas buenas, tendrás muchas sorpresas agradables en el día.

Esto no es magia. Cuando estás de buen humor, hasta las cosas más simples se ven bien. ¿Alguna vez has sentido cómo se siente el día cuando has recibido una noticia muy buena? El día que estás de mal humor, incluso el mejor de los climas no significa nada para ti.

Esto no termina aquí. Tu estado de ánimo afecta constantemente a tu psique. Está gritando fuerte y alto que todo va mal. Ya ha aceptado que el día ha ido mal, y va a terminar en una nota peor. Se necesitaría un milagro para levantar tal estado de ánimo.

Empieza tu día con una nota positiva, e intenta mantenerla en la medida de lo posible. Tendría un impacto positivo en tu mentalidad.

Enfoque en el diario Positivista - Encuentra al menos 4 cosas positivas del día

Al final del día, intenta diariamente encontrar al menos 4 cosas positivas sobre el día que acaba de llegar a su fin. Esto debe hacerse sin excepción.

Puede ser cualquier cosa que te haya gustado durante todo el día. Viste una flor, y se veía lo suficientemente hermosa como para levantar tu ánimo, menciónala. Conociste a un extraño que te sonrió genuinamente, eso puede ser algo para mencionar. Ayudaste a alguien de cualquier manera que te hiciera sentir comida; eso puede ser algo para mencionar. Puede ser cualquier cosa que te haya gustado, pero debe haber al menos 4 cosas que te hayan gustado del día.

Si quieres, puedes incluso escribir un diario en una lechería o decirlo en voz alta. Este simple acto puede ayudar a cambiar tu perspectiva sobre el mundo. Empiezas a buscar la positividad a tu alrededor.

Hacer algo positivo para los demás a diario

Este es un simple acto de bondad que puedes hacer. Puede ser un acto menor. No tiene que ser nada importante todos los días. Pero, debes hacer una cosa al menos cada día que marque alguna diferencia en la vida de una persona. Cuando hacemos un acto de bondad, no sólo tocamos la vida de los demás, sino que el acto desinteresado también toca un rincón de nuestro ser y levanta nuestro espíritu y humor.

Te llena de una sensación de felicidad y te sientes orgulloso de ti mismo, lo reconozcan o no los demás. Es un cambio que puede ayudar a infundir positividad en tu mente.

Vive el momento

Debes aprender a vivir en el presente. Debes dejar de reflexionar demasiado sobre el pasado. Vive cada experiencia como viene, y por favor deja de juzgar las cosas en base a tus experiencias pasadas. Esto te dará una nueva perspectiva. El cambio es una realidad y una verdad constante. La única cosa que es constante es el cambio. Cuando juzgamos las cosas en base a experiencias pasadas, nos estamos interponiendo en el camino de este cambio.

Apreciarse a sí mismo

Esto es importante. Debes aprender a apreciar las cualidades genuinas en ti mismo. Debes tratar de buscar los puntos fuertes de tu personalidad y trabajar en su desarrollo. Cuanto más te aprecies por tus cualidades, más fácil será romper el proceso de pensamiento negativo.

Apreciarse a sí mismo es importante si realmente quiere tener éxito en sus relaciones, en su trabajo y en su vida en general. Las personas que no son lo suficientemente buenas a sus propios ojos nunca pueden esperar ser lo suficientemente buenas para los demás. Si no te aprecias a ti mismo, seguirás sintiéndote estresado e insuficiente. Siempre habrá un problema con tus niveles de saciedad general.

Encuentra vías para mantenerte motivado

Mantenerse motivado es importante. Debes encontrar todas las formas que hay para permanecer inspirado y motivado. Desde películas hasta charlas de ted, lo que funcione para ti debe ser usado para obtener el empuje requerido. La motivación sigue dándote el impulso para seguir trabajando con la misma fuerza.

Trabaja en tu lenguaje corporal

Es importante que trabajes en tu lenguaje corporal. Desde tu ropa hasta la forma en que te comportas, todo en tu personalidad debe hablar de tu confianza y positividad. Debes recordar que tanto la positividad como la negatividad son contagiosas. Una persona positiva puede iluminar toda la habitación, mientras que una persona negativa puede hacer que la gente que la rodea se vuelva sombría. Debes elegir el tipo de persona que quieres ser.

Recuerda que es más importante para ti que para los demás. Tu atuendo, apariencia y conducta tienen un profundo impacto en el funcionamiento de tu mente.

Apreciar y estar agradecido más a menudo

Haz una regla general para apreciar a los demás, incluso para las cosas menores que te ayudan o te facilitan la vida. Es otro cambio positivo que puede ayudar mucho a tu mentalidad. Cuando dices cosas positivas sobre los demás, estás recordando a tu mente que piense de la misma manera. Cuando expresas tu gratitud por los demás, estás siendo más abierto, aceptando y reconociendo. Esto tiene un impacto muy profundo en tu mente consciente.

Busca la positividad incluso en situaciones difíciles.

Esto no es un pensamiento. No puedes perder toda la esperanza cuando las cosas empiezan a ir mal. Una gran parte de la mentalidad ganadora es mantener la compostura incluso en situaciones difíciles cuando otros están perdiendo la esperanza. Es un arte que necesita ser desarrollado.

Busca soluciones y no los problemas

Debes buscar los problemas y no las soluciones. Esta es una afirmación que escuchamos a menudo. Sin embargo, tan pronto como las cosas se salen de control, nuestra mente comienza a buscar rutas de escape o mejor aún, comienza a exagerar los problemas. No aportamos nada, al contrario, terminamos empeorando las cosas.

Todo esto sucede porque nuestra mente permanece enfocada en la intensidad del problema y no en la solución. Debes recordar que pensar en el problema y en la cantidad de daño que puede causar nunca puede resolverlo. Tendrás que empezar a pensar en la forma de resolverlo. Es un talento que tendrá que ser cultivado.

Conclusión

Felicitaciones por haber llegado al final del libro. Nunca es fácil admitir que tienes un problema de estrés. Es algo que todos experimentamos, y también puede ser algo que arruina nuestras vidas. Si no tienes cuidado, entonces empezarás a darte cuenta de que el estrés no es sólo algo que experimentas, sino que se convierte en parte de lo que eres. Cuanto más tiempo pases sin manejar el estrés, más difícil será manejar estos sentimientos cuando más lo necesites.

Recuerde que al principio todo es algo mental, pero si no se trata, puede convertirse en un problema físico bastante rápido. No dejes que el lado físico del estrés se apodere de tu cuerpo. ¡Tú eres el que tiene el control! El estrés no sólo le hará experimentar dolor en los hombros, la mandíbula y otras partes del cuerpo, sino que también aumentará su riesgo de sufrir problemas de salud más graves, como un derrame cerebral o un ataque al corazón.

Lo que te estresa no es algo que vaya a estresar a otros cada vez tampoco. Lo que te calma no calmará a otras personas. No te compares, porque siempre tendremos diferentes perspectivas sobre lo que es estresante, así como sobre cómo reaccionar a nuestras emociones positivas y negativas. A veces podrías desear ser esa persona relajada, pero recuerda que no todo el mundo está siempre tan tranquilo como parece. No hay nada malo en ti si te encuentras estresado en una situación en la que los demás están completamente bien. No importa lo que te estrese. Lo más importante es cómo reaccionas a este sentimiento.

Siempre compruébalo tú mismo y asegúrate de que haces lo mejor para calmarte desde la raíz. Desafía tus pensamientos y cuestiona tus creencias para ver dónde puede haber empezado el estrés. Sólo porque un pensamiento viaje por tu mente no significa que sea cierto. A veces, pensamos primero en lo que nos enseñaron a creer, y el segundo pensamiento que viene después puede ser lo más importante.

Manténgase al día con la investigación sobre el estrés y la ansiedad también. Siempre habrá nuevas formas de manejar el estrés. Dado que todavía tenemos que entender completamente nuestros cerebros, siempre habrá ciencia emergente sobre qué es lo que podría hacer que nuestros cerebros funcionen de la manera en que lo hacen.

Recuerda que todo es temporal. Todo va a estar bien al final. Tú eres el que está creando pensamientos estresantes en tu cabeza. A veces tendrás que sentarte con tu incomodidad y sentir el estrés. Se acabará. Los ataques de pánico se detendrán, y tus pensamientos estresantes se calmarán. Nada de lo que experimentes va a durar para siempre.

Otros dicen cosas que pueden estresarte, pero siempre tendrás opciones sobre cómo reaccionar a estos factores de estrés. No siempre serás capaz de evitar que otros te causen daño, y habrá mucha gente que siempre sabrá cómo meterse bajo tu piel. Aunque eres impotente en esto, tienes el control total de la forma en que eliges manejar estas situaciones. Busca las formas que te ayuden a aliviar tu estrés de la mejor manera posible.

No estás solo en el estrés que sientes. Aunque te sientas aislado, loco, demasiado emocional y muchos otros sentimientos negativos asociados con tu estrés, recuerda que es una emoción común. No te equivocas, no estás roto, no eres malo ni estás loco por las emociones que sientes.

Las cosas que ves en Internet siempre tienen la verdad detrás de ellas. No dejes que los medios sociales o los inflados artículos de noticias te causen más estrés del que ya tienes. Cuando veas una noticia particularmente molesta, siempre revisa las fuentes. Tómese un descanso de su teléfono y dese tiempo para estar tranquilo con sus pensamientos.

Puede que sientas que no te va bien, pero siempre habrá alguien por ahí que esté celoso o te admire. Todo el mundo piensa que lo está haciendo mal, pero la mayoría de las veces, lo estamos haciendo mucho mejor de lo que pensamos. Recuérdate de esto en los momentos en que te sientas más inadecuado que nada.

Los que son importantes para ti no te juzgarían por las cosas por las que eres duro contigo mismo. Los que más importan son las personas que te amarán incondicionalmente. Si alguien te hace sentir mal contigo mismo, causándote más estrés del que tenías al principio, recuerda que están sufriendo. La única razón por la que querrías derribar a alguien es porque esa es la forma en que ya podrías estar hablando contigo mismo. Otros pueden seguir juzgándonos, diciendo cosas groseras, y teniendo pensamientos negativos, pero eso no tiene por qué afectarnos. Conoces tu propio valor, tienes tus valores, y estás a cargo de tus emociones. Esto es lo que más importa.

Siempre recordarás las cosas más importantes al final del día. Cuando estés en la cama solo con tus pensamientos, es cuando recordarás la verdad de tu vida. Cuando todo lo demás se despoja - trabajo, relaciones, dinero, etc., es cuando tu verdadero carácter se revela. ¡Eres tu propia persona y eso es hermoso!

Todos tenemos diferentes velocidades para movernos a través de nuestro día y en la vida. Lo que tomas más despacio podría ser algo que otros aceleran. Las cosas que superas en un instante pueden ser el largo viaje de otra persona. Cuanto menos te compares con los demás, más fácil será amarte por lo que realmente eres.

A veces, tendrás que reírte de ello. Ciertas situaciones pueden ser tan estresantes que lo mejor que puedes hacer es sonreír y seguir adelante. Si sientes que todo se está desmoronando a tu alrededor, mira en el espejo e intenta hacer la mayor sonrisa posible.

Cuando estés realmente estresado, puedes soplar suavemente en tus manos o brazos. Dese algo con lo que fijarse, como chicle o mentas. Llena tu casa con los colores adecuados y otras cosas que te hagan sentir bien. Elija los aromas adecuados, como la lavanda, para ayudar a reducir su estrés. ¡Estas cosas pueden parecer tan pequeñas, pero realmente pueden ayudar a llevar tu salud mental más allá de sus límites!

Hay tantas maneras de reducir el estrés, y es hora de que lo enfatice ahora. Sólo empeorará a medida que pase el tiempo, así que no hay mejor momento para aliviar el estrés que ahora mismo.

Nervio Vago

Free The Natural Habilidad De Tu Cuerpo With El Access To The Curative Farm Of The Nervio Vago, Alivia La Ansiedad Y Prevents Inflamación With Ejercicios De Autoayuda.

Por

Robert Handler

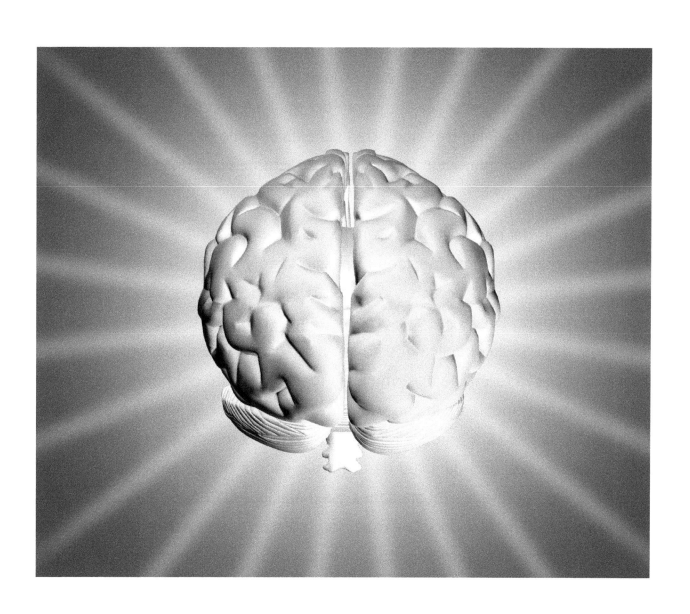

Chapter 1. Introducción

Necesitas tus nervios. Eso es seguro. Cuando tus nervios funcionan bien, todo tu cuerpo es capaz de convertirse en la máquina bien engrasada que necesita. El nervio vago, sin embargo, se convierte en una especie de comandante de la mayoría de tus órganos. Como nervio craneal, el nervio vago tiene una función muy especial: puede llevar la estimulación de su cuerpo directamente al cerebro sin que tenga que pasar por otras vías. Si imagináramos que todos los nervios existen como una especie de sistema de tránsito, con todo tipo de paradas en el camino, los nervios craneales serían como las rutas expresas. Te llevan del punto A al B sin tener que pasar por otros intermediarios. Mientras que otras señales de todo el cuerpo pasan por la médula espinal, el nervio vago es una línea directa de viaje desde el cuerpo hasta el cerebro.

Vamos a hablar del nervio vago, aprendiendo cómo funciona y qué puedes esperar de él. Cuando entiendas cómo funciona tu nervio vago y por qué es importante, podrás empezar a identificar las áreas en las que tu vida puede haber sido impactada por él de alguna manera. Puede que se sorprenda al descubrir que, todo el tiempo, tenía un tono vagal bajo, lo que implica que su nervio vago no está disparando correctamente. El tono vagal es la forma de determinar el funcionamiento del nervio vago. Aunque se puede comprobar mediante la conexión directa con el nervio vago para identificar cuánta actividad se está produciendo en él, hay otros métodos que también puedes utilizar. Puedes descubrir la salud de tu nervio vago a través de la variación de tu ritmo cardíaco durante tus inhalaciones y exhalaciones. Cuando hay una mayor variación entre la inhalación y la exhalación, se cree que el nervio vago es más potente; se dice que está tonificado. Sin embargo, cuando se observa muy poca variabilidad, es posible que también se estén produciendo otros problemas secundarios, y es entonces cuando hay que empezar a considerar las intervenciones para ayudar a mantenerlo.

El nervio vago es un par de nervios craneales que se originan en la base del tronco cerebral. Bajan desde el tronco encefálico en varias ramas diferentes que llegan a gran parte del cuerpo. Este nervio recibe el nombre de vago por la misma raíz de la palabra vagabundo, que significa vagabundo. Acertadamente, el nervio vago recorre la cara, el cuello, el torso y el abdomen, inervando varias zonas diferentes e influyendo en su funcionamiento.

En particular, el nervio vago es sensoriomotor. Esto significa que, mientras que la mayoría de los nervios están especializados en un sentido u otro, el nervio vago tiene la capacidad de comunicarse tanto hacia como desde el cerebro. Permite llevar la sensación y los datos sensoriales al cerebro, que es donde entra en juego su naturaleza aferente. Sin embargo, también envía órdenes desde el cerebro al resto del cuerpo para controlarlo, que es donde obtiene su capacidad eferente. No sólo puede sentir, sino también mover el cuerpo a su alrededor.

Por regla general, si necesitas recordar la diferencia entre aferente y eferente, intenta utilizar esta rápida mnemotecnia: los nervios aferentes llegan al cerebro con su información, mientras que los eferentes salen del cerebro con su información. Los nervios aferentes son los nervios sensoriales que deben enviar la información directamente al cerebro para que sea procesada correctamente. Los nervios eferentes son los nervios motores que se encargan de mover los músculos y controlar el cuerpo, incluso si los músculos que se mueven son los músculos involuntarios de los órganos que nos mantienen vivos.

Sin embargo, este nervio es importante por su gran alcance y por el amplio control que ejerce sobre el cuerpo. Interviene en la regulación emocional, determinando cómo se maneja el estrés y cómo se interactúa con otras personas. Es el responsable de garantizar tu capacidad de funcionamiento gracias al papel de intermediario que desempeña entre todas estas importantes partes del cuerpo y el cerebro.

Puedes ver que el nervio vago sirve como una especie de regulador del sistema nervioso autónomo. Permite las respuestas de miedo que la gente tiene. Esa respuesta de miedo es lo que el cuerpo necesita para estar preparado y ser capaz de interactuar con el mundo. Piénsalo: si tuvieras que considerar conscientemente los pros y los contras de huir de un tigre en lugar de luchar contra él, es muy probable que pasaras tanto tiempo deliberando entre las dos opciones que acabarías siendo atacado mucho antes de tomar una decisión. Por eso, el nervio vago toma el control por ti. Toma este tipo de decisiones instantáneas por ti, para que no tengas que tomarlas tú. Elimina ese retraso de tener que decidir conscientemente lo que haces para que puedas reaccionar instintivamente. Respondes con la misma parte primaria de tu cerebro que lleva a otros animales a reaccionar ante su entorno. Lo normal es que luches, huyas o te quedes paralizado, pero esto sucede sin que tú mismo tomes la decisión para ahorrarte un tiempo crucial que, de otro modo, sería mejor emplear para mantenerte con vida.

Chapter 2.   ¿Qué es el nervio vago y dónde está?

El nervio vago es el más largo de los nervios craneales y es funcionalmente uno de los más importantes del cuerpo. El ritmo cardíaco, la digestión, la presión arterial, la sudoración e incluso la función vocal son algunos de los procesos fisiológicos vitales que regula el nervio vago. Es el principal enlace para la transmisión de información entre el cerebro y otros órganos y tejidos del cuerpo. Por lo tanto, el nervio vago facilita el control de varios sistemas orgánicos por parte del cerebro.

La estructura del nervio vago

El Nervio Vago deriva su nombre del término latino vagary que alude a su estructura errante y larga que se extiende desde la cabeza hasta el abdomen. Es el más largo y complejo de los 12 nervios craneales. Viaja a través del agujero yugular, pasa a la vaina carotídea entre la arteria carótida interna y la vena yugular interna por debajo de la cabeza, hasta el cuello, el tórax y el abdomen, donde facilita la inervación de las vísceras.

Desde la médula del torrente cerebral, el nervio vago sale del cráneo a través del foramen yugular, que se encuentra en la base del cráneo. Dentro del cráneo, la rama auricular del nervio vago surge para proporcionar una respuesta sensorial al canal auditivo, así como al oído externo. Desde la cabeza, el nervio vago se extiende hasta el cuello a través de la vaina carotídea.

El nervio vago, mientras se encuentra en el cuello, se desplaza inferiormente con la vena yugular y la carótida hasta la base del cuello, en cuyo punto el nervio vago derecho e izquierdo se ramifican en dos vías diferentes. El nervio vago derecho entra en el tórax pasando por delante de la arteria subclavia y por detrás de la articulación esternoclavicular. En cambio, el nervio vago izquierdo entra en el tórax pasando posteriormente a la articulación esternoclavicular y entre las arterias carótida y subclavia izquierda.

Mientras que en el cuello el nervio Vago se ramifica en;

- El nervio laríngeo superior consta de ramas internas y externas. La rama externa del nervio laríngeo proporciona inervación sensorial a la laringe a través del músculo cricotiroideo.

- La rama faríngea que proporciona inervación motora a los músculos del paladar blando y la faringe.

- El nervio laríngeo recurrente se extiende desde la arteria subclavia derecha hasta la laringe y su función es inervar los músculos de la laringe.

Una vez que el nervio vago llega al tórax, se ramifica en el tronco vagal posterior y el tronco vagal anterior. El tronco vagal anterior surge del nervio vago izquierdo, mientras que el tronco vagal posterior surge del nervio vago derecho. Los músculos lisos del esófago están inervados por el plexo esofágico, que está formado por estos troncos vagales.

Las ramas cardíacas, que también nacen en el tórax, se encargan de la inervación de los músculos del corazón, regulando la frecuencia cardíaca. La mayoría de los músculos de la laringe están inervados por el nervio laríngeo recurrente izquierdo. Los troncos vagales del tórax se extienden al abdomen a través de una abertura en el diafragma, denominada hiato esofágico.

En el abdomen, los troncos vagales se dividen en múltiples ramas que irrigan el intestino delgado y grueso, el estómago y el esófago.

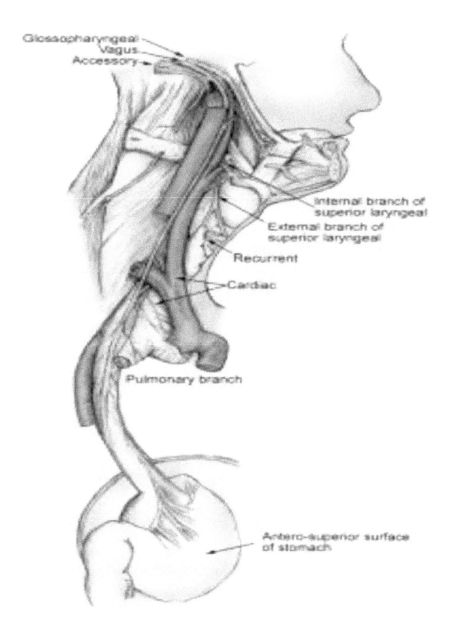

Glossopharyngeal
Vagus
Accessory

Internal branch of
superior laryngeal

External branch of
superior laryngeal

Recurrent

Cardiac

Pulmonary branch

Antero-superior surface
of stomach

Las funciones del nervio vago

El nervio vago es un nervio craneal mixto que tiene funciones sensoriales y motoras. Las funciones sensoriales del nervio vago pueden ser de naturaleza somática o visceral. Las sensaciones que se sienten en la piel o en los músculos son típicamente somáticas, mientras que las que se sienten en los órganos del cuerpo son viscerales.

Las funciones sensoriales del nervio Vago incluyen;

- Suministro de la sensación visceral al corazón, los pulmones, el sistema digestivo, la tráquea, el esófago y la laringe.

- Proporcionar sensación somática a partes de la garganta y del canal auditivo.

- La sensación de sabor en la base de la lengua

Las funciones motoras del nervio vago incluyen;

- El nervio vago inerva los músculos del corazón, regulando así la frecuencia cardíaca.

- El nervio vago facilita el peristaltismo o el movimiento de los alimentos a través del tracto digestivo estimulando las contracciones en el esófago, el estómago y los intestinos.

- El nervio vago estimula los músculos de la laringe, la faringe y el paladar blando.

La mayor importancia del nervio vago en lo que respecta a la salud es que es el principal nervio parasimpático del cuerpo. Esto significa que suministra fibras parasimpáticas a todos los órganos principales de la cabeza, el cuello y el pecho, así como al abdomen.

El nervio vago es responsable de las respuestas parasimpáticas involuntarias y controla funciones como el reflejo nauseoso, los estornudos y la tos. Las fibras aferentes del nervio vago que estimulan la faringe y la parte posterior de la garganta estimulan el reflejo nauseoso. De hecho, los médicos a menudo comprueban la actividad vagal probando el reflejo nauseoso haciendo cosquillas en la parte posterior de la garganta con un bastoncillo de algodón suave; si esta prueba no provoca arcadas en el paciente, sirve como indicador de disfunción del nervio vago.

Otras funciones fisiológicas reguladas por el nervio vago son la disminución del ritmo cardíaco, la regulación de la sudoración, el control de la presión arterial e incluso el peristaltismo, que es el movimiento de los alimentos en el tracto gastrointestinal para facilitar la digestión.

Al crear un vínculo crucial para la comunicación entre el cerebro y los órganos y entre los órganos y el cerebro, el nervio vago permite al cerebro regular diferentes procesos y funciones de los órganos para garantizar que el cuerpo se mantenga en el estado homeostático ideal. Para que nuestros órganos funcionen correctamente, los procesos deben inhibirse o activarse en función de nuestro entorno interno o externo.

Por ejemplo, una persona que hace footing. Su demanda de energía será alta para mantener la actividad física. Esto requerirá que el corazón lata más rápido, bombeando más sangre a los músculos para que reciban suficiente oxígeno. Ahora consideremos a alguien que está tomando una siesta, su demanda de energía es baja ya que el cuerpo está en un estado de descanso, y por lo tanto su ritmo cardíaco será más lento porque la demanda de energía del cuerpo es baja.

En efecto, su cuerpo necesita ajustarse a su estado interno y externo de forma adecuada al entorno interno y externo para mantenerse en un estado de salud óptimo. El nervio vago desempeña un importante papel aferente al llevar la información de los órganos internos, como el corazón, los pulmones y el intestino, al cerebro. Además, también desempeña un papel eferente al mitigar los efectos del sistema nervioso simpático.

El nervio vago, en su función parasimpática, es un gran determinante del mantenimiento de la homeostasis o equilibrio interno del cuerpo. Las respuestas de lucha y huida activadas por el sistema simpático en momentos de estrés o peligro deben ser desactivadas o inhibidas de forma efectiva una vez que la amenaza se ha resuelto; aquí es donde entra en juego el papel parasimpático del nervio vago.

Como hemos visto, las respuestas de lucha o huida son la forma que tiene nuestro cuerpo de prepararnos para combatir las amenazas. Sin estas respuestas, nuestras vidas serían cortas porque no tendríamos mecanismos de autodefensa adecuados.

Míralo de esta manera, sin el subidón de adrenalina que produce el miedo. Es posible que no puedas dejar atrás a ese perro agresivo o luchar contra un agresor. Al aumentar tus reservas de energía, elevando tu ritmo cardíaco y respiratorio, e incluso reduciendo tu sensibilidad al dolor, las respuestas de lucha y huida te permiten defenderte de las amenazas.

Sin embargo, ¿qué sucede después de que la amenaza se haya resuelto y usted ya no esté en peligro? El cuerpo necesita volver a un estado de reposo para reanudar su funcionamiento normal. Esto se consigue cuando el nervio vago, en su función parasimpática, inhibe las respuestas de lucha y huida y devuelve al cuerpo a un estado de reposo.

El nervio vago devuelve al cuerpo a un estado relajado o de reposo, ralentizando los latidos del corazón, disminuyendo la frecuencia respiratoria y estimulando la función digestiva. Estas intervenciones del nervio vago garantizan que, una vez resuelta la amenaza, el cuerpo vuelva a un estado de relajación y descanso.

Sin el funcionamiento adecuado del nervio vago, el sistema nervioso simpático se sobre estimula y esto, a su vez, provoca trastornos en el organismo. Para asegurar que nuestra actividad vagal sea alta, hay medidas que podemos tomar para estimular y activar rutinariamente sus efectos parasimpáticos y asegurar que cosechamos los beneficios del poder curativo de este poderoso nervio.

El nervio vago y la buena salud

Aunque podemos entender las funciones del nervio vago en el cuerpo, es aún más importante relacionar estas funciones con nuestra salud física y mental y comprender el papel del nervio vago en el mantenimiento de la salud física y psicológica.

Salud cardiovascular

El nervio vago desempeña un papel crucial para garantizar la función cardiovascular normal. El nervio vago regula el ritmo cardíaco y funciona como un marcapasos natural. Al estimular los músculos cardíacos, el nervio vago puede ralentizar eficazmente nuestro ritmo cardíaco cuando es demasiado rápido, como ocurre en condiciones de estrés. Cuando el ritmo cardíaco aumenta, puede producirse una elevación de la presión arterial, lo que provoca una tensión en el tejido cardíaco y los vasos sanguíneos.

Las investigaciones han demostrado que una disminución de la actividad vagal o del tono vagal está relacionada con un aumento de la mortalidad cuando se trata de afecciones de insuficiencia cardíaca. Al regular el ritmo cardíaco, el nervio vago puede reducir eficazmente la presión arterial y, por extensión, reducir el daño a los músculos cardíacos. Por lo tanto, un nervio vago que funcione correctamente es crucial para la salud cardiovascular y para evitar enfermedades como la hipertensión.

Inflamación crónica

¿Ha notado alguna vez ese enrojecimiento, hinchazón o incluso pus que se produce cuando se hace una herida? ¿Se ha dado cuenta de que, cuando se cae y se raspa las rodillas o se golpea el dedo del pie, la zona afectada se hincha y enrojece? Todos estos son indicadores de inflamación que experimentamos habitualmente.

La inflamación es una parte esencial de la reacción del sistema inmunitario ante una lesión física o una infección patógena en el organismo. La inflamación indica al sistema inmunitario que debe curar y reparar los tejidos lesionados y defenderse de agentes patógenos como las bacterias y otros patógenos causantes de enfermedades. Sin la inflamación como mecanismo de defensa, las heridas no se curarían, e incluso las infecciones menores podrían resultar mortales.

Por otro lado, cuando una respuesta inflamatoria se prolonga durante largos periodos de tiempo, el cuerpo comienza a atacar sus células. Esto se denomina inflamación crónica. De hecho, la inflamación crónica es una causa subyacente en enfermedades como las cardiopatías, los accidentes cerebrovasculares y los trastornos autoinmunes, como la artritis reumatoide y el lupus.

Lo que esto significa es que, aunque la inflamación es una parte natural del proceso de curación, cuando continúa sin inhibirse durante largos períodos de tiempo, puede causar graves problemas de salud. El nervio vago se convierte en un instrumento para controlar la inflamación crónica debido a sus respuestas parasimpáticas que pueden inhibir eficazmente las respuestas simpáticas de lucha o huida. Cuando su actividad o tono vagal es fuerte, el nervio vago puede inhibir eficazmente las respuestas inflamatorias y evitar la sobreestimulación del sistema inmunitario.

Por otro lado, un tono vagal reducido provoca la secreción de citoquinas proinflamatorias y, en última instancia, provoca un aumento de las respuestas del sistema nervioso simpático que están relacionadas con la inflamación crónica.

El nervio vago puede controlar eficazmente la inflamación al inhibir la sobreestimulación del sistema inmunitario que provoca el sistema nervioso simpático. Las investigaciones médicas han demostrado que la estimulación del nervio vago ayuda a controlar las afecciones relacionadas con la inflamación prolongada de los tejidos del cuerpo. La estimulación del nervio vago ha resultado ser eficaz como terapia para controlar el dolor en la artritis reumatoide y otros trastornos autoinmunes.

Gestión del peso

¿Se ha preguntado alguna vez por qué algunas personas pueden sentirse llenas después de comer sólo una pequeña porción de comida mientras que otras tardan más en sentirse saciadas? Pues bien, este fenómeno está relacionado con la sensibilidad del nervio vago. Cuanto más sensible sea su nervio vago, más rápido se sentirá lleno al comer, y cuanto menor sea la sensibilidad del nervio vago, más tiempo tardará en sentirse lleno.

Pero, ¿cómo se produce esto? La respuesta está en el eje intestino-cerebro, que es la conexión entre el cerebro y el intestino. El vínculo y la comunicación entre estos dos órganos son facilitados por el nervio vago. El nervio vago es el principal canal de comunicación entre el tracto gastrointestinal y el cerebro. Esto significa que la eficacia de la función del nervio vago repercutirá en varios factores, entre ellos:

- Digestión

- Aumento o pérdida de peso

En un escenario en el que el tono vagal está disminuido, pierde la sensibilidad que le permite detectar y comunicar al cerebro que el estómago está lleno. El resultado neto de esto es comer en exceso, lo que inevitablemente conduce a un aumento de peso y a trastornos digestivos.

Un mayor tono vagal significa que el nervio vago tendrá una mayor sensibilidad a la señal de saciedad del intestino, y esto significa que usted tenderá a sentirse lleno más rápido y con menos comida. Esto es esencial en el control de peso, ya que la mayoría de las personas que luchan contra el peso tienden a consumir más calorías de las que el cuerpo requiere. Por lo tanto, cuanto menos se coma, más fácil será mantener los kilos de más.

Gestión del estrés

El estrés es una de las principales causas de mala salud en el mundo actual. Desde los trastornos físicos hasta los psicológicos, el estrés es una de las principales causas subyacentes de la mala salud. Cuando pensamos en las respuestas de lucha y huida, es fácil suponer que sólo se desencadenan ante amenazas físicas. Esto no es cierto. Tanto si el estrés es emocional como físico, la respuesta del cuerpo es activar el modo de lucha o huida para poder resolver la amenaza inminente o el factor de estrés.

Cuando está ansioso por el trabajo, se preocupa por sus hijos o incluso se inquieta por las presiones diarias de la vida, su sistema nervioso simpático percibe una amenaza y desencadena la respuesta de lucha o huida. Esto significa que cuando usted está lidiando con el estrés crónico o la ansiedad, las respuestas de lucha o huida están perpetuamente activadas. Esto, como hemos visto, puede conducir a la inflamación crónica, a los trastornos autoinmunes y a un sinfín de complicaciones de salud.

Dado que el nervio vago puede inhibir eficazmente las respuestas de lucha o huida, puede restaurar fácilmente el cuerpo a un estado de descanso y relajación. Esto significa que contrarrestará las respuestas de lucha o huida, como la liberación de cortisol, que se ha relacionado con el peso, el aumento de peso, el insomnio e incluso la hipertensión. El nervio vago ayuda a combatir el estrés porque puede detener las respuestas de lucha y huida que se desencadenan cuando uno está estresado, ansioso o en peligro.

Una técnica habitual para controlar la ansiedad e incluso la ira es respirar lenta y profundamente. El mecanismo detrás de esto es que la respiración profunda activa el nervio vago y le permite restaurar el cuerpo a un estado relajado y descansado. Esto es crucial cuando se trata de controlar el estrés. Las personas con una actividad vagal deficiente son propensas al estrés crónico y a las tendencias depresivas porque su sistema de respuesta de lucha y huida no está suficientemente controlado por el nervio vago.

Respiración adecuada

Uno de los efectos de la actividad del nervio Vago es el control de nuestro ritmo respiratorio a través de su efecto sobre los bronquiolos. El nervio Vago facilita la respiración adecuada a través del neurotransmisor acetilcolina. Una respiración adecuada no sólo es una forma efectiva de lidiar con el dolor, sino que también es efectiva para lidiar con el estrés al crear un efecto calmante en el cuerpo.

Dado que el nervio vago está conectado al diafragma, es posible estimularlo realizando una respiración abdominal profunda o manteniendo la respiración durante seis o siete cuentas. Las técnicas de relajación, como la meditación y el yoga, incorporan técnicas de respiración porque una respiración adecuada tiene un efecto relajante en el cuerpo.

Mejora de la memoria

Se ha descubierto que la estimulación del nervio vago afecta a la mejora de la memoria y la capacidad cognitiva. Cuando se estimula el nervio vago, se desencadena la liberación del neurotransmisor norepinefrina en la amígdala, que forma parte del sistema límbico. Esto significa que la activación del nervio vago puede ser beneficiosa para contrarrestar y controlar los efectos de algunos trastornos cognitivos como el Alzheimer.

Chapter 3.   Cómo activar y acceder al poder del nervio vago

Simular el nervio vago puede ser un poco más difícil de lo que parece. Este nervio recorre casi todos los órganos principales, desde el cerebro hasta el colon (Roland, 2019).

Muchas de las técnicas para estimular el nervio vago requieren el uso de todo el cuerpo. El yoga, por ejemplo, es una forma increíble de estimular el nervio vago. No solo alivia y calma casi todos los órganos principales, sino que las posiciones que estiran la columna vertebral y el cuello estimulan directamente el propio nervio (Spindler, 2018). Los pulmones y el corazón se curan y se calman con la respiración profunda y la actividad física del yoga (Spindler, 2018).

Se puede pensar en la curación del nervio vago como algo físico, mental, emocional o incluso espiritual. Las prácticas espirituales, como la meditación, estimulan el nervio tan fácilmente como las actividades más físicas. Independientemente de tus propias creencias espirituales, las ideas sobre la energía positiva y negativa, la atención plena y la interconexión tienen una gran validez cuando observamos cómo funciona el nervio vago. Tanto si quieres pensar en estos ejercicios como en la mejora de las funciones neurológicas del nervio o en permitir que la energía positiva fluya por el cuerpo, el resultado (y la idea básica subyacente) es el mismo.

Diferentes ejercicios funcionarán para diferentes personas. Todo el mundo está tratando de sanar, recuperar o prevenir algo diferente. Sin embargo, te animo a que pruebes cada uno de estos ejercicios al menos una vez, por muy extraños o poco relacionados con tu viaje de curación que puedan parecer. Puede parecer "new age" pensar que algo como la sanación con sonido o la aromaterapia puede ayudarte a gestionar algo del cáncer o la esclerosis múltiple, pero puede que te sorprenda lo bien que te sientes.

La mayoría de los ejercicios que se dan en este capítulo son cosas que puedes hacer en casa o sin la ayuda de un profesional. Sin embargo, hay muchas terapias y técnicas que requieren la intervención de un profesional autorizado que también estimularán el nervio vago. También hay algunas terapias que puedes elegir hacer por ti mismo o con un profesional. El yoga, por ejemplo, es algo que puedes hacer en casa con un libro o siguiendo un canal de YouTube. O puedes encontrar un estudio local y tomar clases con un profesional autorizado. La elección es tuya.

Sin embargo, como referencia, aquí hay una lista más completa de actividades que pueden ayudarte a estimular el nervio vago, clasificadas en las cuatro categorías de curación: física, mental, emocional y espiritual. Todos nosotros gravitaremos naturalmente hacia una de estas cuatro técnicas de curación. De las cuatro puede parecer la más apropiada para tu propio viaje de curación. Esto es perfectamente natural. Sin embargo, te animo a que pruebes al menos una técnica de las cuatro categorías para empezar a enfocar tu salud y bienestar desde un lugar más holístico.

Físico (Atkinson, 2019)

- Ejercicio

- Caminar a toda velocidad

- Estiramiento

- Yoga

- Terapias de masaje

- Desintoxicación

- Carbón activado

- Cepillado de la piel y saunas

- Lavado de la vesícula biliar

- Hierbas y suplementos de hierbas

- Comer alimentos integrales a base de plantas

- Agua potable

- Suplementos nutricionales

- Limitar el alcohol

- Limitar la cafeína

- Baños calientes

- Duchas frías

- Salir al exterior

- Dormir lo suficiente

- Aromaterapia

Mental (psicológico) (Atkinson, 2019)

- Afirmaciones

- Equilibrio cerebral

- Visualizaciones y fijación de objetivos

- Biorretroalimentación

- Diario de a bordo

- Terapia de conversación

- Terapia cognitivo-conductual

- Psicoterapia

- Limitar la participación en las redes sociales

- Interacciones sociales positivas

  - Pasatiempos o actividades que se hacen puramente por diversión

Emocional

- Escuchar y/o tocar música

- Técnicas de liberación emocional

- Cultivar una actitud positiva

- Técnicas de auto consuelo

- Dejar ir

- Técnicas de relajación

- Practicar la gratitud

- Auto compensación

- Descompresión

- Técnicas de conexión a tierra

- Hipnosis

    - Cambios en el estilo de vida para eliminar personas o situaciones negativas

Espiritual

- Yoga

- Curación por el sonido

- Biorretroalimentación

- Meditación

- Mindfulness

- Aromaterapia

- Curación espiritual (de cualquier creencia religiosa o espiritual)

- Curación con cristales

- Oración o ritual espiritual

- Curación de los chakras

  - Conectar con la naturaleza

Muchas de estas técnicas parecen sencillas, incluso demasiado sencillas. Pero recuerda cómo funciona el nervio vago. La teoría polivagal nos enseña que el nervio vago se apaga cuando percibe que estamos en peligro. Comienza a disparar diferentes señales para asegurarse de que sobrevivimos a lo que amenaza nuestra seguridad. Sin embargo, cuando nuestro cuerpo se encuentra crónicamente en estado de peligro, el nervio vago permanece disfuncional durante largos períodos de tiempo, y nunca entramos en el estado de recuperación y curación que sigue necesariamente a un período de peligro. Cada ejercicio o técnica que estimula el nervio vago tiene como objetivo sacar al cuerpo del estado de peligro, lo que significa convencer al cuerpo y/o a la mente de que se encuentra en un lugar seguro.

Si tiene varias enfermedades, tardará más tiempo en hacer efecto cualquiera de estas actividades curativas. Sea paciente consigo mismo y con su cuerpo y siga trabajando con su médico u otros profesionales de la medicina para controlar sus síntomas mientras realiza estas actividades curativas.

Medición de la función del nervio vago

A veces puede parecer que todas las enfermedades importantes en las que se puede pensar están causadas por una disfunción del nervio vago. Pero el nervio vago no es el único factor en nuestra salud y bienestar. Por lo tanto, al trabajar con el nervio vago, es importante medir su función, para poder determinar qué enfermedades son causadas por el nervio vago, y qué enfermedades son provocadas por otras causas.

La primera forma, y la más común, de medir la función del nervio vago es midiendo el tono vagal. Para ello, inspire profundamente y espire lentamente. Cuente los latidos de su corazón al inspirar y cuéntelos de nuevo al espirar. Deberías terminar con dos números, que puedes poner uno sobre el otro. Su tono vagal será algo así: 9/6. Es decir, nueve latidos al inspirar y seis al espirar.

Cuanto mayor sea la diferencia entre estos dos números, mejor será su tono vagal. Así, por ejemplo, 9/4 es mejor que 9/6. La razón por la que podemos utilizar este sistema es porque el ritmo cardíaco se acelera ligeramente al inspirar y se ralentiza al espirar. Cuanto más pueda ralentizarse el corazón, más fácil será que el cuerpo se calme tras la estimulación. Si su cuerpo no es capaz de calmarse por sí mismo, esto es un indicador primario de que el nervio vago se ha visto comprometido y está regulando el cuerpo en un estado de estrés, sin importar lo relajado que se sienta.

Esta ligera aceleración y ralentización del corazón con cada respiración se denomina arritmia sinusal respiratoria o RSA. Sin embargo, al utilizar este método para medir el tono vagal, hay que tener en cuenta algunas cosas. Su RSA (y, por extensión, su tono vagal) es mayor cuando está acostado que cuando está sentado. Puede elegir medir su RSA de cualquier manera, pero si está tratando de hacer un seguimiento de su mejora, asegúrese de estar siempre en la misma posición cuando tome una lectura. Por ejemplo, si toma la primera lectura tumbado, cuando vuelva a comprobarla, asegúrese también de que está tumbado.

También es importante tener en cuenta que la RSA disminuye de forma natural con la edad, y que no existe una tasa plana aceptable para la RSA. En otras palabras, el corazón de cada persona late de forma ligeramente diferente. Si está utilizando la RSA para medir la funcionalidad vagal, es mejor utilizarla como una medida de su mejora, en lugar de confiar en ella como un juicio de si su nervio vago está funcionando correctamente. En otras palabras, no importa dónde se encuentre su RSA al principio del mes, después de cuatro semanas de trabajo constante para estimular el nervio vago, debería notar un aumento en su RSA al final del mes.

Un método menos exacto para medir la función del nervio vago es la medición de la variabilidad del ritmo cardíaco. La mayoría de los nervios responsables de regular el ritmo de la actividad del corazón son nervios vagos, lo que significa que los problemas con los latidos del corazón casi siempre indican una disfunción del nervio vago. Un corazón sano debe latir entre 60 y 100 veces por minuto. Si sus latidos son más rápidos que esto mientras está sentado y descansando, esto podría indicar una disfunción del nervio vago.

Lo creas o no, el tiempo entre cada latido no es exacto. Es más, no debería ser exacto. Aunque existen los latidos irregulares (que también pueden indicar problemas con el nervio vago), un corazón sano debería tener una ligera variación en el tiempo entre cada latido. Esta ligera variación se denomina variabilidad cardíaca. Por extraño que parezca, los latidos del corazón pueden ser demasiado regulares.

La baja variabilidad del corazón no es una condición de salud en sí misma. Pero es una señal de que nuestro cuerpo está operando bajo un cierto nivel de estrés. Cuando estamos en peligro, nuestro corazón late más rápido, pero también lo hace con más regularidad. Comienza a latir a un ritmo fuerte y constante, bombeando sangre oxigenada a nuestros órganos y músculos lo más rápido posible. Cuando volvemos a un estado de seguridad, el corazón se relaja y vuelve a su ritmo normal, ligeramente apagado. Este cambio de ritmo está regulado casi por completo por el nervio vago. Por lo tanto, una baja variabilidad cardíaca indica casi con seguridad un problema con el nervio vago.

Hay otras formas de medir el tono vagal, pero no son tan fáciles de hacer en casa. Por ejemplo, el corazón emite un sonido cuando late. Medir la frecuencia de los latidos del corazón también es un indicador fiable del tono vagal (a veces llamado sonido vagal cuando se mide de esta manera). Un corazón sano debe medir entre 0,15 y 0,4 Hz. Cualquier otro valor indica que hay problemas con el corazón y, en concreto, con su actividad de creación de ritmo. Esto, a su vez, implica también problemas con el nervio vago.

El tono vagal está siendo medido por un número cada vez mayor de profesionales de la salud, especialmente en niños pequeños. Quizá no le sorprenda saber que las personas con un tono vagal bajo suelen tener un riesgo mucho mayor de padecer problemas psicológicos como la regulación emocional, la ansiedad, los trastornos de interiorización y los trastornos de exteriorización. Sin embargo, a medida que la relación entre el cerebro y el cuerpo se hace más evidente, el vínculo entre el tono vagal y los problemas de salud física es cada vez más claro. El tono vagal se mide cada vez más en los niños diagnosticados de autismo. Los niños con un tono vagal alto también tienden a mostrar más capacidad de respuesta empática y menos inhibición social que los niños con un tono vagal bajo.

Ejercicios básicos para activar el nervio vago

Encuentra los ejercicios que te funcionan. Todos funcionan, y todos funcionan bien. Para una estimulación óptima del nervio vago, haz al menos dos minutos de ejercicios respiratorios y diez minutos de ejercicio físico cada día.

Ejercicios de respiración

Maniobra de Valsalva

Inspira profundamente. Ahora cierra la boca, aprieta la nariz y exhala suavemente. Mantén esta postura durante un momento y luego suelta la nariz para dejar salir la respiración. Esta técnica creará una suave presión en la cavidad torácica que, a su vez, estimula los nervios vagos conectados a los pulmones y las vías respiratorias.

Respiración diafragmática

El diafragma es un músculo en forma de campana situado justo debajo de los pulmones. Cuando se inhala, el músculo se aplana, actuando como una especie de bomba que permite la expansión de los pulmones. Cuando respiras desde el diafragma, respiras profundamente para llenar el pecho. Notarás que el estómago se expande hacia fuera y se contrae al exhalar.

Hay dos formas básicas de respirar desde el diafragma. La primera es simplemente respirar. Siéntate en un lugar tranquilo con la espalda recta. Siéntate con las piernas cruzadas o con los pies firmemente apoyados en el suelo. Respira profundamente, haciendo un esfuerzo consciente para llenar el pecho de aire. Mantenga la respiración durante un momento y luego exhale. Hazlo durante al menos dos minutos.

La otra forma es cantar. Para que tus pulmones reciban suficiente aire para cantar, debes respirar desde el diafragma. Por eso, cuando empiezas a cantar, respiras automáticamente desde el diafragma. De lo contrario, no tendrías suficiente aire para empujar las cuerdas vocales y no saldría ningún sonido. Pon una canción que te guste y canta con ella. Si lo haces todos los días, estarás ejercitando tu diafragma y le estarás dando a tu nervio vago una estimulación tanto psicológica como física.

Respiración audible

Normalmente, la respiración es silenciosa. Sin embargo, cuando su exhalación es audible, significa que la glotis está parcialmente cerrada. La glotis se encuentra en la parte posterior de la lengua. El nervio vago está conectado a la glotis y la estimulación de esta parte de la lengua estimula el nervio vago.

Para los ejercicios de respiración audible, busca un lugar tranquilo para sentarte con la espalda recta. Siéntate con las piernas cruzadas o con los pies bien apoyados en el suelo. Respira profundamente y mantén la respiración durante un momento. Al exhalar, suspira o sisea. Piensa en el sonido que hacías de niño al respirar sobre una ventana fría para empañarla. Respira así durante al menos dos minutos.

7-11 Ejercicio de respiración diafragmática (Turner, 2019)

Busca un lugar tranquilo para sentarte con la espalda recta. Siéntate con las piernas cruzadas o con los pies firmemente plantados en el suelo. Inhala por la nariz, llenando la cavidad torácica de aire, y cuenta hasta siete. Mantenga la respiración durante un segundo y luego exhale audiblemente por la boca, emitiendo un suspiro o un sonido sibilante. Exhala contando hasta 11. Esto es un ciclo. Repite esto durante seis o doce ciclos al día.

Ejercicio de respiración diafragmática obstruida

Busca un lugar tranquilo para sentarte con la espalda recta. Siéntate con las piernas cruzadas o con los pies bien apoyados en el suelo. Inhala por la nariz, llenando la cavidad torácica de aire, hasta que no puedas tomar ni una gota más de aire. A continuación, aprieta los labios y exhala con fuerza, casi como si expulsaras todo el aire de tus pulmones. Hazlo hasta que no puedas exhalar más. Esto es un ciclo. Repite esto durante 6-12 ciclos al día.

Ejercicios físicos

Caminando

Dar un paseo de 30 a 60 minutos al día es una forma muy fácil de estimular el nervio vago. No es sólo la actividad física lo que hace que este ejercicio sea tan eficaz. La exposición a la luz del sol y el aire fresco también estimulan el cerebro y los nervios sensoriales. Caminar estimula el corazón y los vasos sanguíneos y respirar el aire fresco estimula los pulmones y las vías respiratorias. Si caminas a un ritmo rápido, basta con 30 minutos. Si quieres ir despacio y tomarte tu tiempo, es mejor una hora. Si hace frío en el exterior, vístete con ropa de abrigo y camina igualmente. Se ha comprobado que el aire frío en la cara estimula el nervio vago, aunque todavía no está claro por qué. Puede que tenga que ver con la conexión entre el nervio y los músculos faciales. En cualquier caso, un viento invernal enérgico y el aire frío en los pulmones es un gran complemento estimulante de la actividad cardiovascular de caminar.

Esprints a intervalos de alta intensidad

El sprint de alta intensidad estimula el nervio vago despertando el corazón y los pulmones. Hacer esto una o dos veces a la semana proporcionará la estimulación necesaria al nervio.

Para hacer este ejercicio, corre lo más rápido que puedas durante 30 segundos y luego camina durante dos minutos. Esto es un ciclo. Repite este ciclo durante sólo 10 minutos para conseguir un entrenamiento completo.

Máquinas de cardio

Las cintas de correr u otras máquinas para caminar en el gimnasio son estupendas si no tienes un buen lugar para caminar al aire libre. Especialmente para aquellos que viven en climas fríos, aprovechar una cinta de correr en el gimnasio o incluso invertir en una para el hogar es una buena manera de seguir caminando todos los días, dentro o fuera de casa.

Saltar la cuerda

¿Alguna vez saltaste o saltaste a la cuerda cuando eras niño? Lo creas o no, este juego de la infancia es una forma estupenda de hacer que tu corazón lata y tus pulmones se expandan con aire fresco. Busca una simple cuerda de saltar para niños y salta de dos a cinco minutos al día para estimular el nervio vago. Esto puede hacerse en el interior (por supuesto), pero si puedes, intenta hacerlo en el exterior para obtener los beneficios adicionales del aire fresco y la exposición al sol.

Chapter 4.   Inflamación y enfermedades asociadas al nervio vago

Casi todas las enfermedades autoinmunes están causadas por la inflamación del organismo. De hecho, un gran número de enfermedades, en general, se deben a la inflamación de los tejidos. Es un gran problema que las píldoras no pueden solucionar, aunque los antiinflamatorios la reducen un poco.

La inflamación se ha relacionado con algunas de las enfermedades más mortales de la actualidad, como la diabetes, el cáncer, los accidentes cerebrovasculares y las enfermedades cardíacas, entre otras. También se ha relacionado con el autismo y los problemas de salud mental, así como con otras enfermedades cerebrales. La inflamación puede matarte, pero no es del todo mala.

Un estudio realizado por el Dr. Harold A. Silverman en el Laboratorio de Ciencias Biomédicas del Instituto Feinstein de Investigación Médica mostró algunas conexiones interesantes entre la inflamación y el nervio vago. Demostró que si el nervio vago tiene un tono bajo, el cuerpo corre un mayor riesgo de sufrir una inflamación mayor y crónica. Esta inflamación prolongada podría causar problemas como la artritis reumatoide y otras condiciones asociadas con la inflamación a largo plazo en el cuerpo.

¿Qué es la inflamación?

Antes de seguir analizando cómo influye el nervio vago en la inflamación, debes entender de qué se trata la inflamación. Es una parte esencial del sistema inmunológico, por lo que en pequeñas dosis, es algo que se quiere que ocurra en el cuerpo, hasta cierto punto. A veces parece que se sobrecarga, y es entonces cuando se convierte en algo excesivo.

La inflamación se produce cuando los tejidos se hinchan y enrojecen. También pueden ponerse calientes al tacto. Es la respuesta inmunitaria natural a algo irritante. Por ejemplo, si se clava una astilla en la piel, se considera un objeto extraño y un irritante. Su sistema inmunitario responde inflamando la idea para ayudar al cuerpo a expulsar y deshacerse del irritante.

Sin embargo, los irritantes no son sólo cuerpos extraños reales. Pueden ser gérmenes, bacterias, virus o incluso medicamentos o tratamientos para otras enfermedades, como productos químicos, quimioterapia o radiación. Las áreas específicas de inflamación tienen nombres, que suelen terminar en "itis", como dermatitis, que es una inflamación de la piel, o bronquitis, que es una inflamación de los bronquios.

Los síntomas empeoran a medida que la inflamación se agrava. Comenzará con calor, hinchazón, dolor y enrojecimiento, pasando a la pérdida de función de la zona afectada. Una articulación inflamada será imposible de mover, y los bronquios inflamados dificultarán la respiración.

A medida que la inflamación empeora, empezarás a sentirte enfermo y cansado. También puede aparecer fiebre, otro signo de que tu sistema inmunitario está trabajando horas extras para eliminar la enfermedad que te ha invadido. Tu cuerpo volcará toda su energía en la lucha contra la bacteria o el virus, y la fiebre eleva tu metabolismo, haciendo posible que el cuerpo produzca más anticuerpos y glóbulos blancos.

Los vasos sanguíneos tienden a dilatarse para permitir un mayor flujo de sangre a la zona afectada, lo que es necesario para que los glóbulos blancos lleguen a la zona de la inflamación. Esto también provoca mucho dolor, que es otro mecanismo de protección. Tenderás a no mover una parte del cuerpo que te duele, y la mantendrás protegida.

La hinchazón que se hace evidente en el lugar de la infección se debe a que cada vez hay más líquido y células sanguíneas que acuden a la zona. Una vez que se ha eliminado el agente irritante, el nivel de líquido desciende y la hinchazón se reduce. Lo notarás, sobre todo en la nariz, cuando tengas un resfriado o una gripe. El líquido adicional ayuda a eliminar los virus, pero dificulta la respiración por la nariz cuando está toda hinchada por dentro, gracias a la inflamación de las membranas mucosas.

Cuando existe una amenaza real para el organismo, esta respuesta del sistema inmunitario es inestimable y podría incluso salvarle la vida. Por desgracia, la inflamación no siempre es útil, y si se produce fuera de una amenaza real, puede causar muchos problemas. De hecho, es la principal razón por la que tenemos una enfermedad autoinmune, que es cuando el sistema inmunitario del cuerpo confunde sus propias células con un intruso y lucha contra él.

Si bien comenzó como parte de un cuerpo sano y funcional, la inflamación se ha convertido en un fenómeno desenfrenado en nuestras vidas por una serie de razones. La SAD (dieta americana estándar) que tantos disfrutan desencadena la inflamación en todo el cuerpo. Cosas como el azúcar, los cereales procesados y los aditivos alimentarios pueden contribuir a ello. Además, la gente utiliza más medicamentos que nunca. Como he mencionado, este fue mi desencadenante personal del daño del nervio vago, pero todo comienza con la inflamación.

El problema aquí es que la inflamación y la enfermedad crónica crean un ciclo terrible. La enfermedad crea inflamación, y la inflamación empeora la enfermedad. Añade todos los otros factores de la vida que están contribuyendo a la inflamación de todo, y tienes un problema serio que es muy difícil de arreglar.

¿Cuánta inflamación es demasiada?

Dado que la inflamación es, obviamente, una parte muy importante del sistema inmunitario, no hay que erradicarla por completo. ¿Cuándo se sabe que es demasiado? Esa es la gran pregunta que todo el mundo quiere saber la respuesta.

Si estás enfermo, es normal que haya cierta inflamación. Por ejemplo, cuando las membranas nasales se hinchan al tener un resfriado, es una parte normal de la lucha contra el virus. No se trata de un exceso de inflamación, sino que ayudará a tu cuerpo a recuperarse más rápidamente. Lo mismo ocurre cuando te lesionas. Una rodilla raspada tiende a enrojecerse e hincharse durante uno o dos días, y luego remite. Si tu sistema inmunitario está haciendo su trabajo correctamente, no tienes que preocuparte.

El problema empieza cuando las cosas se descontrolan. Si no está enfermo ni lesionado, pero experimenta respuestas inflamatorias, es posible que algo vaya mal. Cuando varias partes del cuerpo se inflaman sin motivo aparente, también puede ser una indicación de que el sistema inmunitario está funcionando mal. Mientras que puede ser normal que una rodilla se hinche debido a una lesión, incluso una que no recuerdes que haya ocurrido, no es normal que los hombros, las rodillas y las muñecas se hinchen, se calienten y se pongan rojos. Esto probablemente indicaría una sobrecarga de hormonas inflamatorias.

Otro indicio de que puede tratarse de una inflamación excesiva es cuando ésta se prolonga más de lo normal en una enfermedad. Los síntomas inflamatorios que se prolongan mucho más allá de los 3-7 días habituales para un virus o varios días o semanas más allá de lo que sería normal para una lesión pueden indicar un mal funcionamiento del sistema inmunitario.

Tu médico puede ayudarte a diagnosticar un problema inflamatorio, ya que también suele aparecer en los análisis de sangre. Sin embargo, tus propias experiencias también pueden decirte si tienes un problema. Tú eres quien mejor conoce tu cuerpo y podrás determinar si le ocurre algo.

Enfermedades autoinmunes causadas por la inflamación

Una vez que el cuerpo empieza a luchar contra sus propias células, comienza una guerra en ti. Esto puede ser terriblemente incómodo, pero se pone peor. Cuando tu sistema inmunitario está ocupado luchando contra una amenaza imaginaria, es más susceptible de que se cuelen otras enfermedades. Si padeces una enfermedad autoinmune, es posible que también sufras muchos resfriados y gripes. Puede tener la sensación de que pilla todos los bichos que pasan, y eso es porque así es. Cuando el sistema inmunitario está luchando tanto, no puede detenerlo todo, y los gérmenes consiguen traspasar las barreras protectoras reducidas.

Las enfermedades autoinmunes son variadas en su forma de presentación, pero todas tienen algo en común... el sistema inmunitario lucha contra su propio cuerpo. Estas son algunas de las enfermedades más comunes asociadas a este problema.

Enfermedad de Addison: Las glándulas suprarrenales son los órganos afectados en esta enfermedad. Producen varias hormonas, como los andrógenos, la aldosterona y el cortisol. Sin ellas, el cuerpo puede desequilibrarse bastante. Se tiende a perder peso, a sentirse débil y agotado, y el nivel de azúcar en la sangre suele bajar. Esto también provoca que el exceso de potasio acabe en la sangre, mientras que los niveles de sodio descienden drásticamente.

Vasculitis autoinmune: Cuando el sistema inmunitario ataca los vasos sanguíneos, puede causar problemas graves. La inflamación resultante comprime las arterias y las venas, casi cerrándolas e impidiendo una circulación adecuada. Esto provoca algunos riesgos de salud bastante evidentes que deben evitarse.

Enfermedad celíaca: También conocida como sensibilidad al gluten, es una enfermedad autoinmune en la que el gluten hace que el sistema inmunitario ataque el intestino delgado al pasar por él. Esto da lugar a la inflamación y puede causar un intestino permeable. Es una enfermedad muy grave, e incluso una pequeña cantidad de gluten puede desencadenar una respuesta inmunitaria.

Enfermedad de Grave: Esta enfermedad autoinmune hace que la tiroides produzca demasiadas hormonas. El exceso de hormonas tiroideas acelera el metabolismo y puede acelerar el ritmo cardíaco, provocar una pérdida de peso extrema, ansiedad e intolerancia al calor. Uno de los síntomas más notables y desagradables de la enfermedad de Grave son los ojos que sobresalen de la cabeza.

Hashimoto: Es posible que hayas oído hablar de esta enfermedad, que también afecta a la tiroides. Sin embargo, a diferencia de la de Grave, la de Hashimoto hace que la tiroides deje de funcionar correctamente, y tiene el efecto contrario en el cuerpo, provocando un aumento de peso. Tendrá tendencia a ser sensible al frío y se le caerá el pelo. También puede provocar bocio, es decir, la inflamación de la tiroides hasta el punto de formar un gran bulto en el cuello.

Enfermedad inflamatoria intestinal: Conocida comúnmente como EII, hay algunas subenfermedades dentro de ella. Se refiere a la inflamación de las paredes intestinales, pero dependiendo de dónde se encuentre, la enfermedad tiene un nombre específico.

La enfermedad de Crohn afecta a cualquier parte del tubo digestivo, incluso fuera de los intestinos. Puede causar inflamación desde el ano hasta la boca, aunque generalmente sólo afecta a una determinada sección del tracto gastrointestinal.

La colitis ulcerosa se limita específicamente al colon y al recto y está causada por una inflamación masiva en ellos.

Lupus: El lupus eritematoso sistémico es otra enfermedad autoinmune de la que probablemente haya oído hablar. Aunque en un principio se pensaba que era un problema de la piel, ahora se ha hecho evidente que el lupus afecta también a muchos órganos internos. Lo más habitual es que el sistema inmunitario ataque el cerebro, los riñones, las articulaciones y el corazón, provocando dolor y fatiga.

Esclerosis múltiple: La esclerosis múltiple es una de las enfermedades autoinmunes más mortíferas. En este caso, se ataca el sistema nervioso y se destruye la mielina protectora que rodea los nervios. Esto provoca una mala comunicación entre el cuerpo y el cerebro, lo que hace que las personas se sientan entumecidas y pierdan gradualmente la capacidad de caminar y mantener el equilibrio. Poco a poco va privando a la persona afectada de su capacidad para moverse y hacer cosas por sí misma, afectando incluso al habla, hasta que finalmente, afecta incluso a la función cardíaca y pulmonar.

La psoriasis: A todo el mundo le crecen nuevas células de la piel de forma regular, y constantemente perdemos o desechamos las células viejas de la piel. En el caso de la psoriasis, el sistema inmunitario ataca la piel y hace que las células crezcan demasiado rápido. Se acumulan en parches y se inflaman y pican. La psoriasis también puede pasar a las articulaciones y causar una forma de artritis que es muy dolorosa.

Artritis reumatoide: Esta forma de enfermedad autoinmune afecta a las articulaciones. El sistema inmunitario se ensaña con las articulaciones, por lo que éstas tienden a estar calientes, rojas y rígidas. Puede ser tan dolorosa como para afectar a tus actividades diarias.

Síndrome de Sjögren: En este síndrome se ven afectadas las glándulas que mantienen la boca y los ojos lubricados. También puede atacar las articulaciones, provocando una inflamación en ellas, pero los síntomas más comunes son la sequedad de ojos y boca.

Diabetes mellitus de tipo 1: El páncreas se encarga de segregar insulina para regular los niveles de azúcar en la sangre en todo el cuerpo. Sin embargo, en este tipo de diabetes, el sistema inmunitario lucha contra el páncreas. Esto destruye las células responsables de la producción de insulina y hace que el paciente tenga que inyectarse insulina de por vida.

Estas son sólo algunas de las muchas enfermedades autoinmunes que pueden afectarle. No suelen ser constantes, pero pueden tener lo que se conoce como brotes, en los que los síntomas empeoran mucho durante un periodo. Esto suele coincidir con situaciones de mucho estrés, enfermedades u otros problemas que ejercen más presión sobre el cuerpo.

Los signos de que tiene un problema de inflamación, o una enfermedad autoinmune incluyen:

-Dolores y molestias

-Se trata de

-Enrojecimiento en zonas específicas

-Fiebre baja

-Fatiga

-Caída de pelo

-Erupciones en la piel

-Hormigueo en las extremidades

-Dificultad para concentrarse

Problemas de memoria

Si estos síntomas persisten, incluso después de haber superado un resfriado habitual u otra enfermedad, es posible que su sistema inmunitario esté atacando a su propio cuerpo. La inflamación resultante podría empeorar y luego mejorar, pero probablemente seguirá siendo un problema hasta que se resuelva el problema subyacente.

Si bien las respuestas del sistema inmunitario, que son la causa de la enfermedad, son cada vez más frecuentes, es posible controlarlas mediante la estimulación del nervio vago, que reduce la inflamación.

Control de la inflamación con la estimulación del nervio vago

La inflamación está controlada por el nervio vago, y cuando su tono es bajo, se encontrará con que hay mucha más inflamación en su cuerpo. Cuando el nervio se estimula, hace saber al sistema inmunitario que debe calmarse. El resultado es una menor inflamación crónica y una mejor salud.

Su sistema inmunitario puede funcionar mal como todo lo demás en el cuerpo, pero cuando lo hace, tiene efectos generalizados. La inflamación crónica provoca una mala salud e incluso puede provocar la muerte si se agrava lo suficiente. Así es, y tu propio cuerpo puede matarte si la inflamación se descontrola. Por lo tanto, la gente muere de enfermedades autoinmunes.

Obviamente, lo mejor es prevenir las respuestas erróneas del sistema inmunitario, pero el método actual consiste en administrar a las personas medicamentos que reducen el sistema inmunitario. Son los mismos medicamentos que se utilizan para tratar el cáncer, y tienen sus propios efectos secundarios. Tampoco es una buena idea restringir el sistema inmunitario durante largos periodos de tiempo, ya que esto puede dejarte expuesto a muchas otras enfermedades y limitará tu estilo de vida.

Es mucho mejor optar por métodos naturales para reducir la inflamación. Llevar una dieta sana y eliminar el azúcar y los alimentos procesados de la alimentación es un buen comienzo, pero también es útil la estimulación frecuente del nervio vago.

Ayudará a tu cuerpo a bajar la inflamación y a evitar la creación de más glóbulos blancos, lo que puede ser un problema cuando hay demasiados.

Chapter 5.   Los beneficios de la estimulación del nervio vago

La idea de ir al hospital o buscar algún tipo de tratamiento suele causarnos pavor. Son sinónimos de dolor y sufrimiento, y aunque a nadie le gusta ir al médico, todos tenemos infecciones o dolencias de vez en cuando que requieren atención y tratamiento médico. Sin embargo, hay formas de aprovechar el poder natural de autocuración del cuerpo y reducir el número de veces que tenemos que buscar una intervención médica,

Las enfermedades son una parte natural de la vida porque nuestro cuerpo es susceptible al desgaste que conlleva la edad, así como a las infecciones y daños físicos infligidos por agentes patógenos y otros estímulos. Esto significa que la búsqueda de la buena salud es un viaje interminable porque no podemos escapar al efecto inevitable de la naturaleza y nuestro entorno sobre nuestra salud.

Tanto si encuentra su consuelo en el fondo del frasco de píldoras como en las terapias alternativas, nuestro objetivo en última instancia sigue siendo el mismo: mejorar nuestra calidad de vida manteniéndonos sanos y evitando las enfermedades. La búsqueda de la longevidad ha llevado al desarrollo de la investigación en varios aspectos de la medicina, desde la prevención de enfermedades, el diagnóstico, el tratamiento y la cura, el sinuoso camino hacia una mejor salud ha llevado a importantes hallazgos que podemos utilizar para mejorar nuestra salud.

Aunque no hay que restar importancia a los avances de la medicina, es importante recordar que los medicamentos tienen efectos secundarios en el organismo. Cuando se toma durante períodos prolongados, la medicina convencional puede tener efectos adversos en nuestro cuerpo en forma de efectos secundarios. Aunque la medicina convencional es beneficiosa para el tratamiento de diversas dolencias y afecciones, deberíamos hacer lo necesario para reducir las incidencias en las que necesitamos tomarla y evitar la dependencia excesiva de píldoras y pociones.

En una situación ideal, ser capaz de estimular el nervio vago de forma eficaz permitirá al cuerpo ser más hábil a la hora de mantener a raya las enfermedades, lo que significa que necesitará menos intervención médica para mantenerse sano. El mecanismo de autocuración del cuerpo funciona mejor cuando el entorno interno está en estado de reposo.

Esto significa que cuando las respuestas de lucha y huida se activan, el mecanismo de autocuración del cuerpo no puede funcionar. Por lo tanto, cuando se libera el poder parasimpático del nervio vago a través de la estimulación, se apagan efectivamente las respuestas de lucha o huida y se activan los mecanismos de autocuración del cuerpo.

El décimo nervio craneal, que es el nervio vago, es el más largo del cuerpo y se extiende desde el cerebro hasta el intestino, pasando por el cuello y el tórax. Este nervio, con sus funciones de respuesta sensorial y motora, tiene un papel importante en la regulación de órganos como el corazón, los pulmones y el intestino. Las funciones parasimpáticas del nervio vago, que inhiben los efectos del sistema nervioso simpático, lo que significa que el nervio vago es un factor importante para el correcto funcionamiento de los órganos y la óptima salud física y mental.

Las funciones del nervio vago en el mantenimiento de la homeostasis y el equilibrio en el entorno interno del cuerpo han llevado a descubrir que el nervio vago puede utilizarse no sólo para potenciar nuestra inmunidad general, sino también para facilitar el mecanismo de autocuración del cuerpo.

Ahora que podemos apreciar lo importante que es el nervio vago cuando se trata de una buena salud, la siguiente pregunta sería, ¿cómo se mide la actividad del nervio vago? Ahí es donde entra en juego el tono vagal.

Tono Vagal

El tono vagal es el término utilizado para referirse a la actividad del nervio vago. La actividad del nervio vago tiene efectos significativos en:

- regulación de la frecuencia cardíaca
- vasodilatación y constricción de los vasos,
- actividad glandular en el corazón,
- actividad glandular pulmonar

- sensibilidad y motilidad gastrointestinal y
- regulación de la inflamación.

En lo que respecta a la salud, el tono vagal se mide en términos de la naturaleza constante de la acción parasimpática que ejerce el nervio vago. Si bien la entrada vagal es constante, el grado de estimulación que ejerce está influenciado por diversos factores, entre ellos las respuestas parasimpáticas del sistema nervioso autónomo. Esto significa que el tono vagal variará en función del entorno interno del cuerpo. Por ejemplo, cuando el cuerpo se encuentra en un estado de lucha o huida, el tono o la actividad vagal disminuirá.

El tono vagal puede utilizarse como indicador de las funciones de varios órganos del cuerpo, incluida la función cardíaca, y también puede utilizarse para evaluar la regulación emocional o cualquier otro factor que pueda verse influido por las respuestas parasimpáticas, como las funciones digestivas.

La medición del tono vagal se realiza mediante procedimientos invasivos o no invasivos. La medición del tono vagal mediante procedimientos invasivos se caracteriza por el uso de métodos manuales o eléctricos para estimular el nervio vago. Cuando se trata de técnicas no invasivas, el tono vagal suele determinarse mediante la evaluación de la frecuencia cardíaca y la variabilidad de la frecuencia cardíaca. La variabilidad de la frecuencia cardíaca (VFC) es la diferencia en el lapso de tiempo que se produce entre los latidos del corazón.

Cuando el tono vagal es alto, la frecuencia cardíaca suele ser más lenta y, por otro lado, un aumento de la frecuencia cardíaca es una indicación de que la actividad del nervio vago está disminuida. El tono vagal del cuerpo es una herramienta útil para determinar los trastornos emocionales, psicológicos e incluso los posibles trastornos físicos que pueden manifestarse como resultado de una actividad o función vagal deficiente.

Estimulación del nervio vago

El nervio vago tiene funciones aferentes y eferentes al conectar el cerebro con órganos como el corazón, los pulmones y el intestino. Esto significa que facilita la comunicación del cerebro a los órganos (aferente) y la comunicación al cerebro desde los órganos (eferente).

El nervio vago controla las respuestas motoras de la laringe, el diafragma, el corazón y el estómago. Además, tiene funciones sensoriales en los oídos y la lengua. Por lo tanto, el carácter generalizado de la influencia del nervio vago en diferentes órganos lo convierte en una terapia de tratamiento útil en pacientes con enfermedades causadas por la inflamación crónica, como el Alzheimer, la epilepsia y la artritis reumatoide.

Cuando se va a utilizar la terapia de estimulación del nervio vago en un paciente, se implanta un dispositivo similar a un marcapasos en el pecho del paciente. A continuación, se pasa un cable desde el dispositivo hasta el nervio vago en el cuello haciendo incisiones en el lado izquierdo del cuello, lo que permite colocar el cable bajo la piel. Este dispositivo funciona entonces enviando impulsos eléctricos al nervio vago que, a su vez, transmite estas señales al cerebro.

Estos impulsos que se transmiten al cerebro se utilizan en el tratamiento de pacientes con enfermedades como la depresión resistente a los medicamentos. Los impulsos ayudan a combatir la depresión al afectar a los circuitos del sistema límbico del cerebro, que es la zona responsable de nuestros estados de ánimo y emociones.

En la epilepsia, la terapia de estimulación del nervio vago funciona de forma similar. Las señales transmitidas por el dispositivo implantado viajan hasta el nervio vago, donde se envían al cerebro. Estos leves impulsos eléctricos enviados al cerebro ayudan a controlar la actividad cerebral anormal que provoca los ataques epilépticos. Aunque la terapia de estimulación del nervio vago no cura la epilepsia, desempeña un papel importante en la reducción de la frecuencia, la duración y la gravedad de los ataques epilépticos. Esta terapia se ha convertido en una herramienta importante en el tratamiento de la epilepsia.

Quizá una de las enfermedades más incapacitantes, causada por la inflamación crónica de las articulaciones, sea la artritis reumatoide. No sólo provoca un fuerte dolor en las articulaciones, sino que la artritis reumatoide también restringe el movimiento y puede provocar deformidades articulares a largo plazo. Esta enfermedad es un reto para los pacientes porque afecta gravemente a la calidad de vida al limitar la independencia del enfermo. No tiene cura, lo que significa que el paciente tiene que aprender a limitar y frenar la degeneración de las articulaciones.

La terapia de estimulación del nervio vago ha demostrado su utilidad en el tratamiento de la inflamación que provoca la degradación de las articulaciones y, por tanto, ayuda a ralentizar el curso de la artritis reumatoide y a minimizar síntomas como el dolor y la hinchazón de las articulaciones. Cuando el nervio vago se activa, libera acetilcolina e inhibe la producción del factor de necrosis tumoral del páncreas.

Ambos mecanismos iniciados por el nervio vago son eficaces en la reducción de la inflamación y, por lo tanto, ofrecen un alivio del nivel de inflamación en términos de hinchazón, dolor y deformación de las articulaciones. En la artritis reumatoide, la terapia de estimulación del nervio vago puede ser invasiva, como en el caso de la implantación quirúrgica de un dispositivo que funcione como un marcapasos, o no invasiva, en la que el nervio vago se estimula externamente.

La terapia de estimulación del nervio vago se ha utilizado en el tratamiento de pacientes con gastroparesia. La gastroparesia es una enfermedad en la que se inhibe el movimiento de los alimentos a través del intestino, lo que provoca que los alimentos permanezcan demasiado tiempo en el estómago y se formen obstrucciones. Esta enfermedad puede provocar infecciones bacterianas, dolor abdominal, hinchazón, pérdida de apetito y pérdida de peso. La terapia del nervio vago funciona inervando los músculos del tracto digestivo que facilitan el movimiento de los alimentos en el sistema digestivo mediante el peristaltismo.

Todos estos son ejemplos clásicos de situaciones en las que la terapia del nervio vago se utiliza junto con la intervención médica convencional para realizar un tratamiento más rápido o ayudar a aliviar los síntomas que no responden necesariamente a las pastillas médicas. Sin embargo, la activación del nervio vago no sólo es útil para las personas que ya están enfermas. Este nervio puede ayudarle a mantener y mejorar su salud física y su estado mental, y como tal, todos podemos beneficiarnos de los poderes de autocuración de este poderoso nervio que forma parte del mecanismo de autocuración del cuerpo.

Salud cardiovascular

El nervio vago interviene en el control de nuestro ritmo cardíaco, actuando como un marcapasos natural. Al estimular los músculos del corazón, puede ralentizar eficazmente nuestro ritmo cardíaco cuando es demasiado rápido, como ocurre en condiciones de estrés. Cuando la frecuencia cardíaca aumenta, puede producirse una elevación de la presión arterial, lo que provoca una tensión en el tejido cardíaco y los vasos sanguíneos.

Al disminuir la frecuencia cardíaca, el nervio vago reduce eficazmente la presión arterial y, por extensión, la presión sobre los músculos cardíacos. Un nervio vago que funcione correctamente es, por tanto, crucial para la salud cardiovascular y para evitar enfermedades como la hipertensión.

Prevención de la inflamación

Cuando nuestros tejidos se infectan, el organismo responde al ataque activando el sistema inmunitario, que envía glóbulos blancos al lugar de la infección para neutralizar la amenaza. Estas respuestas dan lugar a la inflamación, que es característica en los casos de lesiones o enfermedades físicas.

Sin embargo, cuando una respuesta inflamatoria desencadenada por el sistema inmunitario se prolonga, hace que el organismo empiece a atacar a sus propias células, lo que da lugar a una inflamación crónica. La inflamación crónica da lugar a enfermedades autoinmunes como la artritis reumatoide.

El nervio vago es capaz de controlar eficazmente la inflamación al inhibir la sobreestimulación del sistema inmunitario que provoca el sistema nervioso simpático. La investigación médica ha demostrado que la estimulación del nervio vago ayuda a resolver las condiciones relacionadas con la inflamación prolongada de los tejidos en el cuerpo.

Respiración

Nuestra capacidad de respirar está controlada por nuestros pulmones, que están regulados por el nervio Vago a través del neurotransmisor acetilcolina. Una respiración adecuada no sólo es una forma eficaz de lidiar con el dolor, sino que también es eficaz para hacer frente al estrés al crear un efecto calmante en el cuerpo.

Las técnicas de relajación, como la meditación y el yoga, incorporan técnicas de respiración porque una respiración adecuada tiene un efecto relajante en el cuerpo.

Memoria mejorada

Se ha comprobado que la estimulación del nervio vago tiene un efecto en la mejora de la memoria. Esto se consigue mediante la liberación del neurotransmisor norepinefrina en la amígdala, que forma parte del sistema límbico. Esto significa que la activación del nervio vago puede ser beneficiosa para contrarrestar los efectos de algunos trastornos cognitivos.

Gestión del peso

La comunicación en el eje intestino-cerebro es facilitada por el nervio vago. Cuando la función del nervio vago está deteriorada, pierde la sensibilidad que le permite detectar la saciedad en el estómago. Cuando el nervio vago no puede enviar un mensaje al cerebro de que el estómago está lleno, significa que no podrá saber cuándo está lleno o no, y es probable que esto provoque que se coma en exceso.

La estimulación del nervio vago aumenta su sensibilidad a la señal de saciedad del estómago, y este aumento de la sensibilidad hará que se sienta lleno más rápidamente y, por tanto, reducirá la ingesta de alimentos.

Gestión del estrés

Cuando las respuestas simpáticas del cuerpo se han activado, entramos en modo de lucha y huida. Una de las características de estar en modo de lucha o huida es la liberación de la hormona del estrés, el cortisol. El cortisol es una hormona del estrés liberada por las glándulas suprarrenales. El sistema simpático desencadena la liberación de cortisol en respuesta a diversos factores de estrés.

Sin embargo, cuando los niveles de cortisol permanecen elevados durante periodos prolongados de tiempo, tiene una miríada de efectos nocivos, como el aumento de peso, la presión arterial alta, el insomnio y la fatiga crónica. El nervio vago, con sus efectos parasimpáticos de inhibición de las respuestas simpáticas, puede inhibir eficazmente la liberación de cortisol al devolver al cuerpo a un estado de descanso y relajación. Es por esta razón que las personas con una respuesta más fuerte del nervio vago se recuperan más rápido de una enfermedad o del estrés.

Sentimientos viscerales

¿Alguna vez ha ido caminando por una calle oscura y ha sentido que se le erizaban los pelos de la nuca? ¿O acaba de conocer a una persona y ha tenido una respuesta instintiva que no puede explicar realmente? Pues bien, eso se llama corazonada, y aunque muchos de nosotros las consideramos fantasías o caprichos, las corazonadas son en realidad muy reales. El intestino es capaz de transmitir sus sentimientos al cerebro a través del nervio vago en forma de impulsos eléctricos. Esta comunicación facilitada por el nervio vago a través del eje intestino-cerebro es vital para nuestra salud mental, ya que influye en nuestro comportamiento.

Chapter 6.   Comprender el TEPT, el trauma

El trauma es algo que todo el mundo experimenta en algún momento de su vida. Aunque puede superarse, el trauma puede tener un impacto duradero en el individuo, causando angustia, disminuyendo la autoestima y provocando una amplia gama de problemas psicológicos. Además de los efectos psicológicos, el trauma puede perjudicar en gran medida la salud física de una persona debido a sus efectos secundarios.

¿Qué es el trauma?

El trauma se produce como una respuesta natural del cuerpo que intenta hacer frente y manejar situaciones o acontecimientos abrumadores, perturbadores y estresantes. El trauma puede hacer que un individuo se sienta desesperado, deprimido y con una desconfianza importante. Los eventos traumáticos pueden ocurrir por múltiples razones como:

- Catástrofes naturales

- Guerra

- Pérdida de control sobre uno mismo

- Traición

- Abuso (físico, verbal o emocional)

- Acontecimientos que hacen que una persona se cuestione sus capacidades

- Accidentes

- Condiciones médicas

- Dolor físico

- Agresión personal o no personal.

Tipos de traumatismos

Los traumas suelen clasificarse en dos categorías: traumas pequeños y traumas grandes. El trauma que experimenta un individuo se basa únicamente en la forma en que percibió la situación y el efecto que tiene sobre él. Las dos categorías de trauma se establecen simplemente como una guía para determinar el nivel de trauma que uno ha experimentado.

Traumatismos con "t" minúscula

Estos tipos de traumas no comprenden amenazas físicas para el individuo y su vida no suele estar en peligro inminente. Los pequeños traumas "t" a menudo no se tienen en cuenta y rara vez se abordan. Pueden incluir:

• Tensión financiera

• Estrés laboral

• Empezar un nuevo trabajo

• Conflictos de relación

• Problemas legales.

Muchos cambios en la vida pueden entrar en la categoría de traumas pequeños. Sin embargo, cuando no se abordan, estos tipos de traumas pueden seguir a una persona durante toda su vida y causar problemas adicionales sin saberlo. Cuando el trauma no se procesa o se ignora, estos pequeños traumas pueden causar una acumulación de ansiedad y estrés. La mayoría de estos traumas suelen ser fáciles de superar y superar.

Traumatismos en la "T" grande

Estos tipos de traumas son más difíciles de afrontar y provocan una cantidad insuperable de angustia y sentimientos de impotencia. Muchas veces, estos sucesos sólo ocurren una vez en la vida; otras pueden ser sucesos prolongados que hacen que el individuo no vea el final de la angustia a la vista. Los traumas con grandes "T" no son fáciles de ignorar, pero muchos individuos tratan de evitarlos a toda costa. Los tipos de traumas con "T" grande pueden incluir:

• Abuso emocional

• Abuso verbal

• Abuso físico

• Abuso sexual

- Abuso de niños

- Descuido

- Catástrofes naturales.

Los traumas con una "T" grande pueden conllevar varios desencadenantes que recuerdan al individuo el suceso. Las personas que experimentan esto intentan evitar pensar en estos desencadenantes. La evitación suele conducir a reacciones más graves. Para que una persona pueda superar por completo un trauma con una "T" grande, primero tiene que curarse adecuadamente del dolor y la angustia que le ha causado. Aunque esto no se logra fácil o rápidamente, es necesario para que vuelvan a una forma de vida más normal.

Trastorno por estrés agudo

Un traumatismo leve puede provocar un trastorno de estrés agudo. Esto puede hacer que una persona tenga una variedad de síntomas traumáticos, pero tienden a durar sólo unas pocas semanas y pueden desaparecer lentamente por sí mismos.

Los traumas pueden causar síntomas mentales, físicos y psicológicos, que pueden incluir:

- Tristeza

- Miedo

- La vergüenza

- La ira

- Náuseas

- Mareos

- Alteraciones del sueño

- Dolores de cabeza

- Problemas digestivos

- Pérdida de apetito

- Insomnio

- Control emocional irregular

- Ansiedad

- Adicción

- Depresión.

Cuando un traumatismo no se trata o no se procesa adecuadamente, estas condiciones pueden empeorar y volverse debilitantes. El efecto secundario puede conducir a problemas de salud más graves.

¿Qué es el TEPT?

El TEPT puede surgir de sucesos traumáticos. Las personas con TEPT tienden a tener síntomas de trauma y/o trastorno de estrés agudo, pero los síntomas nunca disminuyen y pueden durar meses o más. Cuanto más tiempo estén presentes los síntomas, más debilitantes y graves serán. Este tipo de trauma suele ser el resultado de que la persona se vea directa o indirectamente afectada por un ataque físico. Los acontecimientos traumáticos hacen que el individuo rumie la experiencia. Los pensamientos, sentimientos y recuerdos perturbadores persiguen al individuo y pueden permanecer presentes durante meses y años después de que haya ocurrido el acontecimiento traumático.

Las personas con TEPT tienen una reacción negativa a cualquier cosa que les recuerde el trauma. Pueden actuar con agresividad y mostrar un comportamiento abusivo que puede considerarse distante o errático. Los síntomas tienden a agruparse en cuatro categorías, pero la gravedad de los síntomas puede variar mucho. Estas categorías de síntomas incluyen:

1. Pensamientos intrusivos

Estos síntomas incluyen recuerdos, sueños y flashbacks que ocurren involuntariamente. Cada uno de ellos puede ser increíblemente realista para el individuo que sufre el TEPT, que a menudo puede confundir sus recuerdos o sueños como si estuvieran ocurriendo en tiempo real. Estos síntomas afectan significativamente al individuo, ya que hacen que la persona reviva el suceso repetidamente.

2. Evasión

Cuando las personas se enfrentan a acontecimientos traumáticos tan intensos, no es raro que quieran evitar hablar o pensar en los acontecimientos. Las personas con TEPT se esfuerzan por evitar recordar cualquier detalle del suceso. A menudo se empeñan en evitar a las personas, los lugares, las situaciones, los objetos o las actividades que puedan recordarles lo que han vivido. Esta evitación se traslada a la evitación de lo que sienten sobre los acontecimientos.

3. Pensamientos o sentimientos negativos

Los pensamientos negativos de las personas con TEPT van mucho más allá de la habitual autoconversación negativa en la que participa la mayoría. Las personas con TEPT tienen un bucle constante de negatividad que gira en sus cabezas, tanto sobre cómo se sienten con respecto a ellos mismos como a los que les rodean. El TEPT puede hacer que una persona pierda la confianza en sus amigos más cercanos y en su familia, e incluso puede sentir que estos individuos pueden causarle daño o que están a la caza de ellos. Esto hace que los individuos pierdan inmediatamente el interés por las cosas que solían disfrutar haciendo. A menudo les invaden sentimientos de vergüenza, culpa, miedo y rabia, lo que les impide participar en las actividades que antes disfrutaban.

4. Síntomas de reacción

Los síntomas de reacción son los que el individuo muestra cuando se le recuerda el acontecimiento traumático. Estos síntomas pueden hacer que el individuo se vuelva imprudente, autodestructivo, que se irrite fácilmente hasta el punto de arremeter verbal o físicamente contra las cosas que le rodean, que sea incapaz de dormir o concentrarse, y que encuentre formas de "automedicarse", como beber en exceso.

¿Cómo afecta esto a la vida diaria?

Los síntomas, por muy leves que sean, pueden tener importantes repercusiones en la vida del individuo. Cuando los individuos se aferran a eventos pasados, esto tiene un impacto directo en el sistema nervioso autónomo. Estos traumas afectan a nuestra forma de hablar, de movernos, de expresarnos y de sostenernos o a nuestra postura. Los individuos que padecen TEPT llevan una vida deteriorada y a menudo carecen de la capacidad mental, física y emocional para funcionar en el día a día.

El TEPT puede causar la manifestación de:

• Dolor intenso

• Problemas digestivos

• Desequilibrio hormonal

- Alteración del sistema inmunitario

- Depresión

- Adicción.

¿Cómo afecta el nervio vago a los traumatismos?

Cuando los individuos se enfrentan a un trauma constante, no pueden permitir que el sistema nervioso parasimpático se active y el nervio vago reduce la respuesta de lucha o huida. A menudo entran en un estado de desconexión constante en el que sienten que no están viviendo su propia vida. Esto conduce a la confusión y a la incapacidad de reconocer una situación, lugares o personas seguras. Las personas que padecen TEPT pueden sufrirlo más gravemente, ya que es más probable que repitan los acontecimientos traumáticos en su mente. Cuando repiten continuamente estos recuerdos, les resulta más difícil distinguir entre lo que es real y lo que es sólo un recuerdo de acontecimientos pasados. Para que las personas aprendan a enfrentarse a su trauma, deben ser capaces de romper este bucle negativo.

La respiración desempeña un papel importante en la superación del trauma. Las personas con TEPT suelen sufrir ataques de pánico o ansiedad. Esto hace que su respiración sea rápida y se concentre en la parte superior del pecho. Respirar de esta manera está relacionado con el sistema nervioso simpático y puede desencadenar la respuesta de desconexión. Este tipo de respuesta al miedo y al trauma se asocia a las habilidades primitivas de supervivencia. Cuando un animal se enfrenta a un depredador, a menudo se congela y/o se hace el muerto. Este es un mecanismo de defensa que han desarrollado para conseguir que los depredadores pasen de largo en lugar de tenerlos como almuerzo. Si bien esto es eficaz en la naturaleza cuando se enfrenta a un león, para los humanos esta respuesta es un obstáculo y no es la forma en que muchos quieren vivir sus días. Ser capaz de notar y recuperar el control sobre la respiración puede ayudar a que el nervio vago y el sistema parasimpático se activen. Por desgracia, esto es más fácil de decir que de hacer para aquellos que deben enfrentarse a los recuerdos traumáticos.

Aunque puede requerir mucha práctica ser capaz de poner fin a la respuesta de desconexión repentina, conseguir el control de la respiración y trabajar a través del trauma en lugar de evitarlo puede hacerse. Con la estimulación y la tonificación del nervio vago, las personas pueden volver a entrenar sus sistemas para reaccionar de una manera más adecuada cuando se enfrentan al trauma. Incluso las personas con un TEPT grave pueden beneficiarse de aprender a realizar técnicas rápidas de activación del nervio vago para ayudar a superar los episodios traumáticos. A través de la estimulación del nervio vago, las personas que sufren un trauma y/o un TEPT pueden recablear su proceso y salir de las fases de lucha o huida, o de desconexión.

Ejercicios para el nervio vago que pueden ayudar a las personas a superar el TEPT y los traumas

Los métodos aquí descritos pueden utilizarse en cualquier momento y lugar. Algunos de ellos permiten estimular rápidamente el nervio vago para controlar mejor el estrés y la ansiedad. Otros necesitarán practicarlos regularmente para obtener los mayores beneficios. Las personas con TEPT deberían considerar la posibilidad de añadir estas técnicas y métodos con una terapia conversacional y/o cognitiva adicional. Cuando se utilizan con las formas tradicionales de terapia, uno puede aprender completamente cómo abordar, procesar y sanar de su trauma.

Formas de salir rápidamente de la respuesta de desconexión mediante la activación del nervio vago

Hay tres formas principales en las que una persona puede salir rápidamente de la respuesta de desconexión y activar su nervio vago:

1. Salpicar la cara con agua fría para reducir el ritmo cardíaco y la presión corporal.

2. Inspira profundamente, mantén la respiración durante unos segundos y luego exhala lentamente por la nariz; repite la operación de tres a cinco veces.

3. Canta un sencillo mantra positivo como "Estoy a salvo" o "Soy fuerte".

Estimulación del nervio vago para curar el TEPT

La estimulación del vago para detener el sistema simpático se realiza cuando los individuos se sienten seguros y protegidos. Las siguientes actividades pueden promover instantáneamente diversos niveles de estos sentimientos.

1. Establezca conexiones con los demás. Aunque es un reto sentir que puedes confiar en los demás, la mejor manera de cambiar del sistema nervioso simpático al parasimpático es establecer una conexión con otra persona.

2. Abrazo. Junto con la primera técnica, abrazar nos ayuda a sentirnos seguros y conectados con los demás. Al dar o recibir un abrazo, puedes activar instantáneamente el nervio vago.

3. Reír. Si los abrazos no son lo tuyo, puedes reírte en su lugar. Reír puede ayudar a estimular el nervio vago para que libere oxitocina. La oxitocina te anima a establecer conexiones con los demás y te levanta el ánimo. La risa, al igual que los abrazos, ayuda a sentirse conectado con los demás y puede reforzar los vínculos.

4. Sacúdete. Una de las formas de salir del modo de desconexión es hacer una sacudida completa del cuerpo. Antes de empezar a sacudirte por completo, haz un rápido escaneo del cuerpo. ¿Hay alguna zona de tu cuerpo que se sienta tensa o rígida? Si encuentras tensión en tu cuerpo, estas son las áreas en las que quieres centrarte cuando te mueves y sacudes. Presta atención a cada zona mientras sacudes la tensión. Cuando hayas pasado por todas las zonas y te sientas aliviado, haz una pausa para disfrutar de la quietud que te rodea y deja que te llene. Este es el cuerpo que se despierta de nuevo. Esta es la sensación que quieres recordar cuando te enfrentes a un recuerdo o episodio inducido por un trauma.

Técnica de Tonificación Vagal diaria a largo plazo para el trauma y el TEPT

La curación de un trauma o un TEPT puede ser un proceso que dure toda la vida. Fortalecer el nervio vago a diario tiene como resultado el desarrollo de las habilidades necesarias para que tu mente y tu cuerpo se recuperen de los eventos y experiencias traumáticas que desencadenan los síntomas del trauma. Los siguientes ejercicios diarios se pueden realizar para recibir beneficios a largo plazo del nervio vago:

1. Bhramari pranayama. El Bhramari pranayama se conoce como la respiración de la abeja zumbadora en la práctica del yoga. Este tipo de respiración te ayuda a tonificar el nervio vago estimulándolo a través de las cuerdas vocales. Cuando realizas esta respiración, puedes mantener el sistema nervioso en calma y evitar que entre en modo de lucha o huida. Para

realizar este tipo de respiración, colócate en una posición cómoda sentado en el suelo o en la cama. Cruza las piernas y lleva las manos para cubrir tus orejas. Los pulgares deben mirar hacia el suelo. Inspira profundamente; al exhalar, empieza a emitir un zumbido que vibre a través de tus oídos. Puedes repetir este proceso tantas veces como necesites.

2. Duerme sobre tu lado derecho. Los traumas y el TEPT tienen graves efectos negativos sobre el sueño, y la forma de dormir puede agravar estas dificultades. Dormir sobre el lado derecho del cuerpo puede estimular el nervio vago y conducir a una noche de sueño más reparador. Debe evitar dormir de espaldas, ya que suele ser la peor posición para la estimulación del nervio vago.

3. Tai chi o qigong. Al igual que el yoga, el tai chi y el qigong son formas de ejercicios de movimiento lento que estimulan y tonifican el nervio vago. Estas prácticas se centran en el fortalecimiento de los sistemas internos a través del momento preciso y la respiración. El tai chi estilo sol es un tipo de tai chi que utiliza movimientos suaves y fluidos que pueden ayudar a las personas a sentirse con los pies en la tierra. Este es un aspecto importante para aquellos con TEPT, ya que a menudo pueden sentirse perdidos e inseguros de dónde están, lo que resulta en pánico, frustración y confusión. Hacer una simple secuencia de tai chi al estilo del sol puede tonificar el nervio vago y ser una forma efectiva de ayudar a sanar un trauma.

Chapter 7. El nervio vago y el trastorno de ansiedad

Un día normal de un individuo siempre está lleno de varias actividades y situaciones. Estas actividades pueden hacer que un individuo esté ansioso. Es un fenómeno normal que un individuo esté ansioso en su vida. Sin embargo, hay personas que desarrollan trastornos de ansiedad a lo largo de un periodo. Los trastornos de ansiedad se asocian siempre con un miedo y una preocupación persistentes, intensos y excesivos por las situaciones y actividades que caracterizan el día a día de un ser humano.

Estos sentimientos de ansiedad son muy perjudiciales. Tienen el potencial de afectar a la vida diaria de un individuo. Hace que sea difícil para un individuo para estar en control de su día a causa de la ansiedad. Se vuelve incluso difícil ya que experimentar trastornos de ansiedad va a hacer que la vida de una persona esté en peligro. Es porque la mente percibe las cosas normales en gran medida fuera de proporción. Un individuo caracterizado por el trastorno de ansiedad es propenso a evitar las situaciones de la vida que le hacen estar ansioso.

Historia de los trastornos de ansiedad

Estos trastornos fueron descubiertos por la Asociación Americana de Psiquiatría en el año 1980. Antes de este reconocimiento existía un diagnóstico muy interesante. Un diagnóstico genérico de estrés y fue uno que se dio a las personas que sufrían de trastornos de ansiedad. Esto se debía a que los médicos no entendían lo que implicaban los trastornos de ansiedad. A su vez, muy pocas personas eran capaces de recibir un tratamiento eficaz, dejando a la mayoría de la gente en el bucle. Sin embargo, se han llevado a cabo varios tipos de investigación que muestran cómo la gente sufre mucho con estos trastornos de ansiedad. Estos sufrimientos pueden evitarse si el diagnóstico y el tratamiento se realizan en las primeras fases de la dolencia.

A lo largo de los años se han llevado a cabo varias campañas de concienciación. Sin embargo, en los últimos años los medios de comunicación se han centrado en la prevalencia de los trastornos de ansiedad. Esto ha hecho que muchas personas sean conscientes de los conocimientos generales sobre los trastornos de ansiedad. Los años modernos han visto el desarrollo y los avances de formas mejores y apropiadas de tratar estas condiciones. Cada vez hay más pacientes de diferentes ámbitos que reciben tratamiento para los trastornos de ansiedad. Esto se debe a que el nivel de estigma asociado a los trastornos de ansiedad ha disminuido.

Los primeros años tenían un pensamiento intrigante sobre los trastornos de ansiedad. La gente asociaba los ataques de pánico y los trastornos de ansiedad como un problema que sólo afectaba a las mujeres. A lo largo de los años de investigación y estudio de las partes interesadas se descubrió que esta ideología era falaz. Sin embargo, los estudios demuestran que los hombres tienden a ser menos reacios a recibir tratamiento. Esto es así a pesar de las condiciones que afectan tanto a los hombres como a las mujeres. Estas afecciones existen desde hace mucho tiempo. Sólo la reciente concienciación y el reconocimiento han hecho que aumente el número de pacientes. En el pasado se ha informado de que varios líderes han sufrido ataques de pánico y diferentes formas de trastornos de ansiedad. La forma de los tratamientos ofrecidos en el pasado era diversa y se puede calificar de humor. Las formas de tratamiento ofrecidas muy ineficaz a los pacientes. Hubo ciertos momentos en que las formas de tratamiento eran muy peligrosas para un individuo. Las formas de tratamiento en el pasado implicaban el uso de bálsamos y hierbas, la sangría con el uso de sanguijuelas, la aplicación de temperatura extremadamente caliente a un paciente y el baño en ríos y lagos extremadamente fríos. La nueva forma de psicoanálisis puso fin a esta época. Uno de los más grandes psicólogos que encabezó la investigación fue conocido como Freud. Varias personas recurrieron a soluciones terapéuticas ante los trastornos de ansiedad. Varios avances se han visto en los años para el desarrollo de las drogas que han demostrado ser muy útil para las personas. A las personas con un nivel adverso de trastornos de ansiedad se les han recetado estos fármacos para su mejora.

Tipos de trastornos de ansiedad

1. Trastorno de pánico Hay momentos en los que un individuo experimenta ataques de pánico que son consistentes e inesperados. La definición común de lo que son los ataques de pánico es; son oleadas que aparecen abruptamente a un individuo que están llenas de niveles intensos de miedos. Estos ataques de pánico pueden alcanzar su punto álgido en un par de segundos. Las personas que sufren de esta condición tienden a dejar su vida en la forma máxima de miedo debido a los ataques de pánico. Hay varias maneras de que un individuo puede saber si él o ella está sufriendo de ataques de pánico. Es probable que una persona sufra de ataques de pánico si siente una abrumadora sensación de terror que no tiene ninguna causa obvia para ello. También hay síntomas físicos que caracterizan los ataques de pánico. Entre ellos se encuentran la aceleración del corazón, la sudoración y las complicaciones respiratorias. Una gran parte de la población mundial experimenta ataques de pánico una o dos veces a lo largo de su vida. La Asociación Americana de Psicología elaboró recientemente un informe con un hallazgo crítico. El informe afirmaba que de cada setenta y cinco personas, una persona es probable que experimente o sufra un trastorno de pánico. Hay varias cosas que experimenta una persona que sufre un ataque de pánico. Él o ella puede tener miedo de experimentar otra forma de un ataque de pánico si esta situación ha ocurrido dos veces en un lapso de un mes.

Los síntomas de los trastornos de pánico han sido vistos como bastante abrumadores por la gente. Sin embargo, hay buenas noticias en el mundo actual en el que vivimos. Es porque estos síntomas pueden ser manejados y mejorados a través de la forma actual de tratamiento. Un individuo que sufre de esta condición se anima a buscar ayuda médica. La situación tiene la posibilidad de dirigir la vida de una persona porque es perjudicial. Reduce la productividad de una persona y el logro de una vida de calidad porque afecta a la vida cotidiana de una persona.

Síntomas del trastorno de pánico

Hay una edad determinada en la que los síntomas del trastorno de pánico pueden manifestarse claramente. Empieza a manifestarse claramente en los adolescentes y en los adultos jóvenes que tienen alrededor de veinticinco años. Un individuo se denomina a ser el sufrimiento de los trastornos de pánico cuando los ataques de pánico se producen más de cuatro veces. También era sensible a ser diagnosticado con un trastorno de pánico cuando se va en constante temor y preocupación de experimentar ataques de pánico después de sufrir uno. No hay señales de advertencia que vayan acompañadas de ataques de pánico.

Hay un período que se produce abruptamente con niveles intensos de miedo que dura hasta un tiempo estimado de veinte a treinta minutos. También hay casos extremos de ataques de pánico que han sido experimentados por varias personas en todo el mundo. Esto implica el problema de ir a un nivel de ataques de pánico que dura hasta más de una hora. Por lo tanto, los ataques de pánico tienden a diferir en las experiencias de varias personas en el mundo. Los síntomas comunes incluyen: dificultad para respirar, aumento de las palpitaciones del corazón, mareos, sudoración, dolores en el pecho, miedo, náuseas y mareos.

2. Trastorno de estrés postraumático

Los acontecimientos vitales terroríficos son la principal causa de este trastorno. Estas experiencias vitales terroríficas pueden haber sido experimentadas o haber sido presenciadas por un individuo. Hay varias cosas que suceden cuando una persona sufre de estrés postraumático. Él o ella es propenso a tener pesadillas, ansiedad severa y flashbacks. Va un nivel más alto a la persona que experimenta pensamientos profundos sobre el evento que son incontrolables. Hay diferentes situaciones de la vida que pueden ser traumatizantes. Entre ellas se encuentran las violaciones, los ataques de terror y los accidentes, por mencionar algunas. Afectan mucho a un individuo, ya que afectan a su vida diaria. Se necesita tiempo para que un individuo se adapte a estas situaciones para hacer frente a su estilo de vida normal. Sin embargo, este no es el punto final para un individuo que sufre de estrés postraumático. Es porque; la buena atención de la salud puede ser capaz de hacer él o ella a mejorar. Un individuo se supone que buscar el tratamiento de un confiable centro médico. Una buena forma de tratamiento tiene el potencial de reducir estos efectos que afectan a las actividades diarias de un individuo.

Síntomas del trastorno de estrés postraumático

Sus síntomas se manifiestan de forma diferente. Suelen manifestarse en un individuo después de un tiempo estimado de un mes. El mes indicado es después de la ocurrencia del evento traumático. Los síntomas de los eventos postraumáticos tienen un impacto severo en la vida de un individuo. Afectan a la vida de la persona desde su trabajo y trascienden hasta afectar a sus relaciones sociales con la familia y los amigos. Esto lleva a una baja productividad en las tareas normales que el individuo debe realizar.

Esta forma de síntomas de orden de ansiedad se agrupa siempre en cuatro grupos diferentes. Estos grupos incluyen: cambio negativo en el pensamiento y el estado de ánimo, la evitación, los cambios en la emoción y la reacción física, y los recuerdos intrusivos. Estas situaciones no son propias de todas las personas que sufren de estrés postraumático. Esto incluso hace que la base de los síntomas del estrés postraumático sea diferente a la de las personas a las que se les diagnostica el trastorno.

Los recuerdos intrusivos se caracterizan por la recurrencia de recuerdos estresantes sobre el acontecimiento traumático, la revelación de los acontecimientos traumáticos como si fueran recurrentes, los sueños que parecen perturbadores y las pesadillas que se relacionan con el acontecimiento traumático y la angustia emocional grave de cualquier cosa que pueda recordar al individuo la experiencia traumática. Los síntomas categorizados bajo la evitación incluyen que el individuo evite pensar en el evento traumático.

La categoría de cambios en el estado de ánimo y los pensamientos de una persona tiene varios signos. Algunos de estos síntomas son: tener pensamientos negativos sobre uno mismo y sobre el mundo en general, perder la esperanza en el futuro, tener dificultades en los recuerdos, dificultad a la hora de mantener relaciones estrechas con la gente, desapego de los amigos y la familia y sensación de estar emocionalmente insensible. La última categoría de síntomas es la que se agrupa bajo los cambios en las reacciones emocionales y físicas. Estos síntomas incluyen: asustarse fácilmente, niveles abrumadores de culpa, problemas de concentración, problemas de concentración y desarrollo de comportamientos autodestructivos.

3. TRASTORNO DE ANSIEDAD SOCIAL

Es muy normal que un individuo sienta cierta forma de estar nervioso en determinadas situaciones que nos presenta la vida. Una buena representación puede ser una persona que va a una cita o que hace una gran presentación en el trabajo. Estas situaciones tienen el potencial de hacer que una persona experimente mariposas en su estómago. Sin embargo, esto es diferente en una persona que sufre un trastorno de ansiedad social que también se conoce como fobia social. La diferencia se representa cuando un individuo que sufre de este trastorno está ansioso y se enfrenta a niveles abrumadores de miedo y abrazo de ser juzgado y escudriñado.

Los niveles de miedo y ansiedad que el individuo experimenta en el trastorno de ansiedad social son perjudiciales. Tienen el potencial de afectar a las experiencias de la vida diaria del individuo. Las experiencias vitales atraviesan la vida educativa, profesional y social. Aprender a lidiar con las habilidades que la psicoterapia ayuda a llevar a un individuo a una etapa de recuperación. Hay casos en los que un individuo experimenta un impacto severo debido al trastorno de ansiedad social, un individuo se prescribe drogas durante estas situaciones.

Síntomas del trastorno de ansiedad social

Hay momentos en la vida en los que un individuo se siente tímido e incómodo en determinadas situaciones. Estos sentimientos a veces no son características del trastorno de ansiedad social. Las personas propensas a tener este tipo de experiencias son los niños. La comodidad que puede experimentar una persona depende en gran medida de los rasgos del individuo y de sus experiencias en la situación actual. La ansiedad social comienza a manifestarse en los adolescentes. También hay momentos o situaciones en que se observa en niños y adultos.

Los síntomas del trastorno de ansiedad social se dividen en dos grupos. Estos grupos incluyen los síntomas conductuales y emocionales y los síntomas físicos. Los síntomas clasificados bajo los signos conductuales y emocionales incluyen; el miedo a las situaciones, la preocupación por la vergüenza, el miedo a hablar con extraños y el miedo a ser notado. Por otro lado, los síntomas relacionados con los síntomas físicos incluyen el rubor, el aumento del ritmo cardíaco, la sudoración, la tensión muscular, los mareos y el malestar estomacal.

Principales causas de los trastornos de ansiedad

Hay varios factores que pueden llevar a una persona a desarrollar trastornos de ansiedad. La vida normal de un individuo se caracteriza por la realización de diferentes actividades. Estas actividades abarcan su ámbito social, educativo y profesional, por mencionar algunas facetas de la vida. Estas actividades y situaciones tienen el potencial de hacer que un individuo desarrolle trastornos de ansiedad con el tiempo. Es un tema muy complicado para varias personas porque el ser humano es diferente. Por lo tanto, las causas de la ansiedad tienden a diferir en varias personas.

 La causa de la ansiedad puede ser a veces complicada. Es porque tiene el potencial de ser causada por una combinación de cuestiones encadenadas. Estas cuestiones pueden ser inducidas por el entorno general en el que un individuo está acostumbrado a salir. Las causas más comunes de la ansiedad del entorno en el que reside un individuo pueden ser las experiencias vitales, las emociones o ciertos acontecimientos. Es importante que una persona conozca las causas de los trastornos de ansiedad. Es porque tiene innumerables ventajas como mantener a un individuo en forma de su vida diaria para reducir o evitar las causas. Estas causas incluyen:

1. Medicamento

La ansiedad tiene el potencial de hacer que un individuo entre en pánico, se sienta inquieto y nervioso. Esto ocurre incluso en una situación en la que el individuo no está en peligro. Estos sentimientos pueden ser el resultado de la medicación que un individuo está tomando debido a otras condiciones de salud que él o ella está sufriendo. Hay dos causas probables que estos medicamentos pueden traer a un individuo. Tienen el potencial de hacer que un individuo experimente estos ataques por primera vez o que empeore los ataques si los ha experimentado antes. Estos efectos de los medicamentos se denominan normalmente efectos secundarios de los tratamientos. Sin embargo, hay fármacos que se dirigen a una parte específica del cuerpo humano que desempeña un papel fundamental en la ansiedad. Entre ellos se encuentran;

a. Medicamentos con cafeína

Hay algunos medicamentos para tratar la migraña y los dolores de cabeza que tienen como componente la cafeína. Estos medicamentos tienen el potencial de estimular el sistema nervioso de un individuo. Esto influye en el aumento de la presión arterial y las palpitaciones del corazón. Un individuo tiene la posibilidad de ser nervioso, ansioso y nervioso durante estos momentos. Un individuo que es propenso a los ataques de ansiedad tiene la posibilidad de desarrollar un trastorno en los momentos en que él o ella se somete a tales drogas por mucho tiempo.

b. Corticosteroides

Estos fármacos tienen una forma especial de actuar en el cuerpo del individuo. Funcionan de forma similar a como las hormonas producidas en el cuerpo realizan sus funciones. Estos fármacos se utilizan para tratar ciertas afecciones en la vida de una persona. Se utilizan habitualmente para tratar la bronquitis, la artritis, el asma y las alergias. Estos síntomas presentados en los trastornos de ansiedad se presentan cuando un individuo se presenta a tomar cortisona, prednisona y dexametasona.

c. Fármacos para el TDAH

Los medicamentos utilizados en estos casos se describen siempre como estimulaciones. Esto significa que tienen una gran magnitud al afectar al cerebro de un individuo. Estos tipos de medicamentos tienen el potencial de cambiar el funcionamiento de las células nerviosas de una persona porque cambian la forma en que envían los mensajes del entorno. Los impactos descritos tienen el potencial de cambiar el funcionamiento del cerebro de un individuo. Someten al cerebro de una persona a un estado mental de ansiedad e inquietud en los momentos en que un individuo las toma en dosis altas. Los cambios de humor son una ocurrencia común para un individuo que tiene tales prescripciones. Si estos síntomas se prolongan durante mucho tiempo, pueden provocar un trastorno de ansiedad. Los fármacos más comunes de este grupo son Focalin, Adderall y Vyvanse.

d. Medicamentos para el asma

Algunos de los fármacos que se utilizan para tratar el asma tienen el potencial de alterar el estado de ánimo del individuo. Esto provoca estados mentales como la depresión y la ansiedad en la vida de un individuo. Los medicamentos que se utilizan para abrir el cerebro de un individuo tienen el potencial de hacerle experimentar ataques de ansiedad. Este fenómeno puede ocurrir incluso si un individuo no experimentó ataques de ansiedad aunque no lo haya hecho en el pasado. Estos medicamentos incluyen el albuterol, el salmeterol y la teofilina.

e. Medicina para la tiroides

Hay varias cosas que le ocurren a un individuo cuando su cuerpo no produce el líquido tiroideo adecuado. Un individuo puede tener bajos niveles de concentración, ganar peso excesivo o falta de energía para hacer sus tareas diarias. Esta condición se conoce comúnmente como hipotiroidismo. Los medicamentos utilizados para tratar esta condición son comúnmente conocidos por hacer que un paciente experimente un ataque de pánico.

f. Medicamentos incautados

El tipo de medicamento que se utiliza en este caso se conoce comúnmente como fenitoína. Se encarga de calmar las actividades eléctricas que se producen en el cerebro de una persona en caso de que ésta sufra convulsiones. Hay ciertas situaciones en las que un médico puede recetar estos medicamentos a un paciente que tiene problemas en sus latidos para tener un ritmo regular. El fármaco puede tener efectos graves al desencadenar ataques de ansiedad en un individuo. Estos medicamentos tienen el potencial de hacer que un individuo se vuelva ansioso y agitado.

g. Medicamento destinado a la enfermedad de Parkinson

Durante el tratamiento de esta enfermedad, los médicos prescriben la mayoría de las veces una combinación de dos fármacos. Estos fármacos son la carbidopa y la levodopa. La liberación de cápsulas de los fármacos rotativos puede hacer que un individuo experimente un ataque de ansiedad. Si los síntomas relacionados con los trastornos de ansiedad persisten en un individuo, se le aconseja que hable con su médico sobre un cambio de medicación.

Chapter 8.   Asociación del nervio vago con el estrés y el trastorno de estrés crónico

¿Sabías que tu nervio vago también juega un papel en tu salud mental? No es sólo una sensación física, sino también mental. Claro, la fatiga y el agotamiento son físicos, pero las condiciones psiquiátricas se ven afectadas por el nervio vago, y en este capítulo, vamos a destacar lo que son, y cómo entender adecuadamente la conexión entre el nervio vago, y su salud mental.

El nervio vago es un nervio que está conectado no sólo con el cerebro y el corazón, sino con casi todas las funciones de la parte superior del cuerpo.

El tono vagal que experimentas cambia con el tiempo y el tono vagal es un proceso biológico natural dentro del nervio vago. Cuando tu tono vagal es alto y adecuado, significa que te estás relajando de la situación estresante y te estás calmando.

Pero su tono vagal desempeña un papel en sus emociones, y en cómo se desarrolla su salud física. Si tu tono vagal es más alto, tu salud física y mental también lo será.

El tono vagal y la respuesta vagal reducen naturalmente el estrés. El estrés puede hacerte experimentar emociones tanto positivas como negativas. Un poco de estrés es saludable, pero siempre deberías responder a él después de la situación estresante calmándote, pero no siempre es así. Tu tono vagal cambia las respuestas del cerebro, estimula la digestión del cuerpo y, en general, te ayuda a relajarte.

Relajarse es bueno para el cuerpo porque si siempre estás estresado, tendrás problemas para hacer muchas cosas. Demasiado estrés no es bueno para ti.

Cuando estamos demasiado estresados

Tener demasiado estrés no es bueno. El estrés te hace estar deprimido, ansioso y enfadado, y puede afectar a tu capacidad de tomar decisiones racionales, ya sea en la vida diaria o a largo plazo.

También afecta a tus niveles de dopamina y serotonina, ambos neurotransmisores que manejan nuestro estado de ánimo. Tu nervio vago maneja la variabilidad de esto siempre que puede, y cuando estás relajado, tienes más dopamina, serotonina, y te sentirás mejor.

Para muchos de nosotros, el estrés es una forma saludable de hacer las cosas, pero con la forma en que la vida puede ser, puede ser casi demasiado en muchos casos, y el tono vagal se ve afectado cuando estamos estresados.

Cuando te sientes estresado, deprimido o ansioso, tu tono vagal cambia y, a menudo, te centras más en las emociones negativas y en las condiciones psiquiátricas. La epilepsia también aumenta cuando tu nervio vago no está bien estimulado.

Esto se puede medir de diferentes maneras, observando las ondas EmWave2 que miden la variabilidad del ritmo cardíaco, que también muestra el tono vagal.

Un tono vagal más alto significa que todo está funcionando mejor, y también puede ayudar a estimular su nervio vago. Notarás que cuando tu nervio vago está correctamente estimulado, también respondes a las situaciones de una manera más positiva, ya sean situaciones emocionales o fisiológicas. Tu cerebro y tus emociones están correctamente conectados, y esto puede ayudar a compensar los problemas que las enfermedades mentales te causan.

El nervio vago es la conexión entre el sistema digestivo, el cerebro y otras condiciones. También controla la inflamación. Pero, su nervio vago también maneja las condiciones de salud mental, y hay muchas a las que se atribuye su nervio vago.

¿Qué afecciones provoca un tono vaginal bajo?

Un tono vagal bajo, o lo que es lo mismo, que el nervio vago no esté correctamente estimulado, provoca muchas afecciones diferentes en el cuerpo, y algunas de ellas son importantes. Además de los trastornos de ansiedad y la depresión, también se encuentra en otros tipos de afecciones.

Se ha descubierto que las enfermedades mentales degenerativas, como el Alzheimer y la demencia, están relacionadas con el tono vagal. Esto se debe a que no se frena la respuesta inflamatoria en el cerebro, lo que provoca la degeneración de las células nerviosas y, por tanto, esta enfermedad.

Las migrañas y otros problemas de la cabeza, incluido el tinnitus, también se atribuyen al nervio vago. En el caso del tinnitus, se debe a que el nervio vago está muy cerca de la oreja y rodea parcialmente las partes internas del oído.

Pero, es más que estas condiciones. Las adicciones, los trastornos de la alimentación, los trastornos de la personalidad e incluso las condiciones del espectro autista se atribuyen a menudo al nervio vago. Esto se debe a que los efectos de la salud mental que se producen debido a los problemas físicos que esto provoca pueden desempeñar un papel importante en la capacidad de su cuerpo para manejar esto.

La adicción a las drogas y al alcohol a menudo se debe a esto. Es porque cuando el tono vagal no está completamente activado, hace que el cuerpo busque otras alternativas ya que no está recibiendo suficiente serotonina en el cuerpo. Para los adictos, la sensación de felicidad que obtienen cuando se inyectan o toman drogas, ayuda con esto y puede hacer que se sientan bien, pero no soluciona el problema de que el nervio vago no se estimule, y a menudo, empeora el problema.

Pero no se trata sólo de afecciones graves. La mala memoria, los cambios de humor e incluso los trastornos del estado de ánimo, la esclerosis múltiple, el trastorno obsesivo-compulsivo y varias enfermedades y afecciones mentales pueden surgir a menudo a causa de esto. La fatiga crónica es otro problema también, y llegaremos a eso en un momento.

La fatiga crónica y el nervio vago

El nervio vago controla la forma en que el cuerpo maneja ciertas condiciones. Cuando está sobreestimulado, tu cuerpo está luchando con el sistema nervioso simpático, que siempre te pone en alerta máxima. Pero, si siempre estás en alerta máxima, te hará sentir sed y fatiga todo el tiempo.

Tampoco se trata de un cansancio temporal, sino que a menudo es una condición seria, en la que te sientes fatigado hagas lo que hagas, y por mucho que lo intentes, no desaparece. Esto puede atribuirse en parte a la salud digestiva y nerviosa, pero está relacionado con el nervio vago.

Así que sí, la fatiga crónica es causada por tu nervio vago, y puede hacer las cosas muy difíciles para ti. También se debe a la respiración que estás haciendo, porque muchas personas que tienen problemas para respirar a menudo sufren de un tono vagal inadecuado, y eso es porque la gente no se da cuenta del impacto que esto puede tener en el cuerpo.

Lesiones cerebrales

Tener un tono vagal que no está bien estimulado afecta a tu cerebro y a su funcionamiento. Cuando el nervio vago no está bien estimulado, lo que le permite obtener ese aire que tanto necesita, su cuerpo no recibe suficiente oxígeno. A menudo, esto provoca un síncope vagal, es decir, un desmayo involuntario.

Si no tienes cuidado, te desmayas en un lugar que no es el ideal, lo que provoca un traumatismo craneal y cerebral. A veces, este traumatismo puede ser tan grave que no puedes hacer nada al respecto y, en cambio, eres incapaz de realizar funciones en la vida.

Esto es probablemente lo peor que puede pasar, pero puede afectar negativamente al resto de tu cuerpo, incluso a tu vida si no tienes cuidado.

Esto suele ser una situación más grave, pero aun así vale la pena mencionarlo, porque muchos no tienen en cuenta lo que puede pasar si tu nervio vago no está bien estimulado, y la verdad es que pueden pasar muchas cosas si no lo está, así que recuérdalo.

Tono Vagal y Salud Mental

Tu tono vagal es parte de tu salud mental, y un tono vagal saludable significa una mejor salud mental. Puede reducir la inflamación, los sentimientos negativos, la soledad, e incluso los casos de ataques cardíacos o derrames cerebrales si no tienes cuidado.

Muchas personas que tienen un tono vagal más alto como parte de un bucle de retroalimentación entre estas emociones son a menudo más felices y tienen una mejor salud física.

Un tono vagal sano también afecta a tus condiciones sociales. Querrás hablar con otros minerales y no te sentirás retenido por la depresión y la tristeza cuando tengas un tono vagal más saludable. Notarás que estás mucho mejor si cuidas tu tono vagal, y notarás que tu tono vagal mejorará tus interacciones sociales.

Los humanos somos criaturas sociales. Intentamos llenar ese vacío en la medida de lo posible, e incluso los introvertidos necesitan a alguien con quien hablar de vez en cuando. El tono vagal mejora cuando se discuten temas con otros, o simplemente cuando se habla para generar emociones.

Cuando estás de buen humor, y tu tono vagal es saludable, notarás que tienes una mejor comunicación humana, y tus vínculos con los demás se vuelven más estrechos. Eso es porque, estás cuidando tu tono vagal, y estás trabajando para mejorar la estimulación de tu nervio vago.

El nervio vago sí te habla de las "sensaciones viscerales" y de la ansiedad y el miedo que sientes dentro del cerebro, y el estrés y la depresión se regulan a través del nervio vago, y tu sistema inmunológico también juega un papel.

Cuando hay más citoquinas en el cuerpo, se tiene una mejor inmunidad, un cuerpo más feliz y se corre menos riesgo de desarrollar condiciones de salud mental. Las citoquinas también ayudan en algunos tipos de depresión, especialmente en aquellos con bajo estado de ánimo, baja motivación y baja energía. Si tienes más control sobre esto, también te sentirás mejor.

¿Qué podemos hacer al respecto?

Aunque no se pueden "apagar" los trastornos mentales, estimular el nervio vago ayudará a ello. Respirando adecuadamente, y tomando las medidas para calmar el cuerpo, puede ayudar a frenar los trastornos de ansiedad, y el estrés relacionado con la ansiedad. Ayudará a mejorar su estado de ánimo.

Incluso el simple hecho de trabajar con la socialización puede ayudar a estimular el nervio vago. Se ha demostrado que la comunicación ayuda al nervio vago, una estimulación adecuada a través de la comunicación le ayudará a mejorar su nervio vago.

Chapter 9.   Conexión entre cuerpo y mente

Las personas que tienen un gran bienestar entusiasta conocen sus reflexiones, sentimientos y prácticas. Han aprendido enfoques saludables para adaptarse a la presión y a los problemas que son parte atípica de la vida. Se gustan a sí mismos y tienen conexiones sólidas.

En cualquier caso, numerosas cosas que ocurren en tu vida pueden perturbar tu bienestar pasional. Éstas pueden provocar sentimientos saludables de lástima, estrés o tensión. De hecho, incluso los cambios grandes o necesarios pueden ser tan molestos como los indeseables. Estas cosas incluyen:

- Ser despedido de su actividad

- Hacer que un niño se vaya o vuelva

- Cómo afrontar el fallecimiento de un amigo o familiar

- Separarse o casarse

- Sufrir una enfermedad o un daño

- Conseguir el avance de la ocupación

- Problemas de liquidez

- Mudarse a otra casa

- Tener o abrazar un hijo.

Tu cuerpo reacciona a la forma en que piensas, sientes y actúas. Este es un tipo de "conexión mente/cuerpo". Cuando estás concentrado, al límite o molesto, tu cuerpo responde de una manera que puede revelarte que algo no va bien. Por ejemplo, puede aparecer hipertensión o una úlcera de estómago después de una ocasión especialmente angustiosa, por ejemplo, el fallecimiento de un amigo o familiar.

El camino hacia una mejor salud

Hay formas de mejorar tu bienestar pasional. Inicialmente, intente percibir sus sentimientos y comprender por qué los tiene. Examinar las razones de la amargura, el estrés y el malestar en su vida puede ayudarle a lidiar con su bienestar pasional. Los siguientes son algunos otros consejos de apoyo.

Descubra algunas realidades asombrosas sobre la conexión mente-cuerpo:

Tenemos la conexión mente-cuerpo

Independientemente de que seamos conscientes de ello o no, cada uno de nosotros se encuentra con la conexión mente-cuerpo regularmente en nuestras vidas. En lugar de pensar en la conexión como algo fuera del alcance de la vista, o algo sólo realista a través de largos tramos de yoga y reflexión, recuerde que está constantemente aquí. El hecho de que se nos haga la boca agua ante un dulce de aspecto sabroso, o las "mariposas" ansiosas en el estómago antes de hacer una presentación, o de correr una carrera, son en general casos ideales de conexiones corporales características de la personalidad, que una gran parte de nosotros hemos encontrado eventualmente. Ocasionalmente, la conexión mente-cuerpo puede dar resultados negativos, como la negligencia en el cumplimiento de objetivos atléticos, escolares o de expertos a causa del pavor que produce el cerebro.

Nuestros cuerpos reaccionan a nuestra forma de pensar

Todo lo que somos surge con nuestras contemplaciones. Con nuestras cavilaciones, hacemos el mundo.

Buda

Como tal, en la remota posibilidad de que estemos continuamente pensando en consideraciones negativas e imprudentes, nuestros cuerpos irán con el mismo patrón. El entusiasmo y la desorientación mental pueden comenzar como algo parecido a dolores cerebrales incitados por la presión, hombros tensos y una espalda superior irritada, y conducir a un desafortunado aumento de peso o a una desgracia, a un trastorno del sueño y a la hipertensión. Por otra parte, podemos hacer un intento consciente de pensar más decididamente y crear formas saludables de lidiar con la presión y los preliminares del estrés para siempre. Después de algún tiempo, el estado de nuestro bienestar pasional y psicológico puede ser perjudicado o ayudar al marco resistente del cuerpo.

Podemos enfermarnos y podemos curarnos

Los estudios demuestran que nuestra forma de lidiar con el estrés y la manera en que manejamos la presión se asocian directamente con la manera en que manejamos las dolencias genuinas, incluyendo el crecimiento maligno. La presión incesante influye en el cuerpo de forma negativa y, durante largos periodos de tiempo, la presión a largo plazo puede hacernos cada vez más vulnerables a la diabetes, la hipertensión, las enfermedades cardíacas y algunas enfermedades.

No obstante, si utilizamos nuestra conexión intrínseca personalidad-cuerpo de forma constructiva, manteniendo nuestros cerebros y cuerpos en forma con ejercicio y alimentación, podemos mantener los sentimientos de ansiedad más bajos. Al final del día, cuanto mejor nos adaptemos permaneciendo tranquilos y disminuyendo la presión mental, disminuiremos así la preocupación física, junto con la posibilidad de acumular una enfermedad.

También tenemos una conexión cuerpo-mente

Si nos centramos, es cualquier cosa menos difícil ver el efecto que el cuerpo tiene en nuestra perspectiva también. Por ejemplo, cuando el cuerpo de las mujeres se prepara para el ciclo mensual, son las hormonas del interior del cuerpo las que provocan la totalidad de los temidos indicios (calambres, hinchazón, debilidad, incomodidad entusiasta, etc.). Otro caso de respuestas cuerpo-mente es el virus del resfriado de esta temporada. Lo más probable es que un individuo comience a sentirse mal intelectualmente el día o un par de días antes de que el cuerpo descubra la garganta irritada, la obstrucción nasal y otras manifestaciones físicas básicas.

Por otro lado, la conexión cuerpo-mente es inconcebiblemente positiva, tanto si se trata de endorfinas creadas tras el ejercicio como de alivio del estrés durante un masaje de espalda. En las posturas físicas del yoga, se imagina que determinadas posturas producen ciertos estados psicológicos. Las flexiones hacia atrás, por ejemplo, se cree que animan la psique, mientras que las inversiones pueden acelerar un estado más tranquilo. El ejercicio puede ser un método modesto para ayudar a nuestro centro, estados de ánimo, y en general el bienestar.

La alimentación afecta tanto a nuestro cuerpo como a nuestra mente

Vuelve el conocido adagio: "Somos lo que comemos". Cada pieza o líquido que pasa por nuestros labios tiene un tipo de impacto en nuestra mente. Nuestra sana admisión, constantemente, puede tener inmensos efectos tanto negativos como positivos en cómo nos sentimos, a causa de la sustancia serotonina. Básicamente, cuando los niveles de serotonina son altos, estamos más alegres, y cuando son bajos, nos desanimamos.

Comer tantos carbohidratos y azúcar puede disminuir la afectabilidad a la serotonina, lo que provoca estados de ánimo horribles y, a la larga, la gula. Para ajustar los niveles de serotonina, comer proteínas puede ser el arreglo, particularmente antes de la admisión de carbohidratos. En lugar de engullir una sacudida azucarada de energía a mediodía, opta por un bocado rico en proteínas para mantener el temperamento positivo y la vitalidad, manteniendo una distancia estratégica de un accidente posterior.

El sueño estándar es imprescindible para la mente y el cuerpo

Además de la alimentación y el ejercicio, el descanso también asume un tremendo trabajo en el mantenimiento de los niveles de serotonina de sonido y mantener nuestros cerebros y cuerpos de contenido con los demás. La actividad esencial de la serotonina en el cuerpo es la de calmar, por lo que está estrechamente vinculada a la forma en que se utiliza -o no- la vitalidad (por ejemplo, el ejercicio y el descanso). Sin descanso, nuestros cerebros pueden verse influenciados de forma contraria, perturbando la reacción de nuestra mente a la serotonina. Al fin y al cabo, es esencial mantener un diseño de descanso predecible, para mantener la psique y el cuerpo sanos.

La reflexión puede ayudar a nuestros corazones

Como indica la American Heart Connection, las pruebas médicas descubren una conexión complementaria certificable entre el cerebro y el cuerpo. Prácticas como la reflexión y otras estrategias de relajación han aparecido para cambiar las conexiones mente-cuerpo y además mente-corazón. Mientras que hay una escasez de concentrados que tienden legítimamente a cómo las intercesiones de la mente-corazón pueden ayudar a los pacientes con la avería cardiovascular congestiva, la reflexión cerrada de AHA podría ayudar con la tensión y la desdicha, que coinciden regularmente con la enfermedad genuina.

Reflexionar durante unos 15 minutos cada día puede ayudar igualmente a cualquier persona que necesite permanecer concentrada y tranquila durante el día. Actividades como la reflexión pueden ayudar a mover las observaciones mentales y las respuestas a las circunstancias. Al ser consciente de la tensión y el malestar, y al interactuar con la respiración, la mente se relajará, y el cuerpo también. En cualquier caso, dedicar un par de segundos de un día molesto a inhalar discretamente puede tener impactos comparativos.

Básicamente, somos lo que pensamos, comemos, bebemos, decimos y nos relajamos. Crear y aplicar el cuidado a estas partes de la vida puede ayudarnos a mantener conexiones cuerpo-persona dichosas. Cuéntanos cómo utilizas tu conexión mente-cuerpo con remain sound.

Expresa tus sentimientos de forma adecuada

Si los sentimientos de estrés, problemas o tensión te están causando problemas físicos, guardar estas emociones en tu interior puede agravar tus sentimientos. Está bien contar a tus amigos y familiares cuando algo te molesta. En cualquier caso, recuerda que tus seres queridos no suelen tener la opción de ayudarte a gestionar adecuadamente tus emociones. En estas ocasiones, acude a alguien ajeno a la circunstancia para que te ayude. Intenta pedirle a tu especialista en familia, a un instructor o a un consultor estricto que te guíe y respalde para ayudarte a mejorar tu bienestar entusiasta.

Seguir con un estilo de vida saludable

Concéntrate en las cosas que agradeces en tu vida. Haz lo que sea necesario para no fijarte en los problemas del trabajo, la escuela o el hogar que te llevan a tener sentimientos negativos. Esto no significa que tengas que profesar una actitud alegre cuando te sientas concentrado, al límite o molesto. Es fundamental que manejes estas emociones negativas, sin embargo, intenta concentrarte también en las cosas positivas de tu vida. Puede que necesites utilizar un diario para controlar las cosas que te hacen sentir alegre o sereno. Algunos estudios han indicado que tener un punto de vista inspirador puede mejorar su satisfacción personal y dar un impulso a su bienestar. Es posible que también tenga que descubrir formas de renunciar a algunas cosas en su vida que le hacen sentirse presionado y dominado. Reserve unos minutos para las cosas que aprecia.

Crear fuerza

Las personas con fuerza pueden adaptarse a las preocupaciones de forma saludable. La versatilidad puede aprenderse y fortalecerse con diversas metodologías. Estas incorporan tener ayuda social, mantener una perspectiva positiva sobre uno mismo, tolerar el cambio y mantener las cosas en su contexto. Un instructor o asesor puede ayudarle a lograr este objetivo con un tratamiento de conducta intelectual (TCC). Pregunte si es una idea inteligente para usted.

Tranquiliza tu psique y tu cuerpo

Las técnicas de relajación, por ejemplo, la contemplación, la sintonía con la música, la sintonía con las pistas de simbolismo guiadas, el yoga y el Tai Chi son enfoques valiosos para equilibrar tus sentimientos.

La reflexión es un tipo de idea guiada. Puede adoptar numerosas estructuras. Por ejemplo, puede hacerlo haciendo ejercicio, extendiéndose o respirando profundamente. Acércate a tu especialista familiar para que te oriente sobre las técnicas de relajación.

Trata contigo mismo.

Para tener un gran bienestar apasionado, es imperativo para hacer frente a su cuerpo por tener un programa diario estándar para comer bien cenas, descansar lo suficiente, y la práctica de calmar la presión reprimida. Absténgase de complacer y no maltratar a los medicamentos o el licor, la utilización de medicamentos o licor que vale la pena motivaciones diferentes, por ejemplo, la familia y los problemas médicos.

Puntos interesantes

Un mal bienestar pasional puede debilitar el marco insusceptible de su cuerpo. Esto hace que estés predispuesto a contraer resfriados y otras enfermedades en ocasiones realmente problemáticas. Además, cuando te sientes concentrado, al límite o molesto, puede que no te ocupes de tu bienestar como deberías. Es posible que no quiera hacer ejercicio, comer alimentos nutritivos o tomar una prescripción que su médico de cabecera respalda. Es posible que consuma mal el alcohol, el tabaco o diferentes medicamentos. Diferentes indicios de un mal bienestar pasional incluyen:

- Tormento de espalda

- Cambio de antojos

- Tormento en el pecho

- Estreñimiento o flojedad de los intestinos

- Boca seca

- Cansancio extremo

- Dolor generalizado y palpitante

- Dolores de cabeza

- Pulso alto

- Insomnio (molestias al dormitar)

- Mareo

- Palpitaciones (la inclinación de que su corazón se precipita)

- Cuestiones sexuales

- Dificultad para respirar

- Cuello rígido

- Sudoración

- Malestar estomacal

- Suma de pesos o desgracia

¿Por qué razón mi médico de cabecera tiene que pensar en mis sentimientos?

Es posible que no esté acostumbrado a hablar con su médico de cabecera sobre sus sentimientos o problemas en su propia vida. En cualquier caso, recuerde que la persona en cuestión no suele saber que usted se siente concentrado, nervioso o molesto con sólo echarle un vistazo. Es imprescindible que sea sincero con su médico de cabecera en caso de que tenga estos sentimientos.

En primer lugar, la persona en cuestión debe asegurarse de que otros problemas médicos no están causando tus efectos secundarios físicos. Si sus efectos secundarios no son provocados por otros problemas médicos, usted y su médico de cabecera pueden abordar las razones entusiastas de sus manifestaciones. Su médico de atención primaria puede proponer enfoques para tratar sus manifestaciones físicas mientras usted colabora para mejorar su bienestar pasional.

Chapter 10.   El poder curativo natural de tu cuerpo con ejercicios y técnicas de autoayuda

Ejercicio

El ejercicio es una parte necesaria de la curación del dolor crónico. No es necesario convertirse en un culturista activo o en un atleta, pero un cierto grado de movimiento corporal es muy deseable para prevenir el dolor crónico. Los movimientos corporales liberan la energía "atascada" en nuestro cuerpo y aseguran un flujo suave de energía para prevenir cualquier dolor.

Hacer ejercicio es una forma estupenda de reducir la ansiedad. Ya sea que te levantes más temprano en la mañana antes de que tengas que ir a trabajar y salgas a correr, o si puedes ir al llegar a casa de y trotar alrededor de la cuadra.

Además, si haces más ejercicio te ayudará con tu autoestima. El ejercicio te hará más saludable y te sentirás mejor contigo mismo. Si te preocupa tu salud y eso hace que tu ansiedad empeore, sal y haz algunos ejercicios. Ni siquiera tienes que salir de casa; puedes buscar un DVD de ejercicios y empezar a hacer algo de ejercicio desde el salón de tu casa. Para ayudar realmente a bajar la ansiedad, es una buena idea que cada vez que hagas ejercicio te asegures de que es durante 30 minutos o más. Los estudios han demostrado que la ansiedad tarda unos treinta minutos en bajar cuando se hace ejercicio.

Si no quieres hacer ejercicio solo, coge a un amigo para que haga esta actividad contigo. Esto te hará feliz y podrás tener a alguien con quien hablar de las cosas que te angustian. Es estupendo tener a alguien a quien poder expresar todos tus sentimientos y que pueda ayudarte. El ejercicio saludable tiene algunas implicaciones sorprendentes para quienes padecen trastornos de ansiedad y otros trastornos psicológicos, incluida la depresión. Los mecanismos por los que el ejercicio y la salud mental están relacionados no se comprenden del todo, pero muchos expertos médicos de todo el mundo reconocen ahora que el ejercicio tiene un gran impacto en una amplia gama de condiciones psicológicas. Incluso se cree ahora que el ejercicio puede ser tan eficaz para combatir la depresión como muchos de los medicamentos que se recetan habitualmente.

El tipo de ejercicio que recomiendan los expertos es el que se realiza varias veces al día. Se cree que un paseo a paso ligero de sólo diez minutos es suficiente para elevar el estado emocional durante un par de horas. Para quienes padecen trastornos de ansiedad, puede ser difícil salir de vez en cuando. Para algunos, con trastornos graves, puede parecer imposible. Sin embargo, el ejercicio le ayudará a mejorar su estado emocional y a alejar su mente de la ansiedad. Utilice los siguientes consejos para aumentar las posibilidades de incorporar con éxito el ejercicio a su vida.

Se recomienda un ejercicio de intensidad moderada, perfecto para mejorar la salud física y mental. Esto incluye: caminar a paso ligero, montar en bicicleta, hacer footing o nadar. Caminar y trotar no debería requerir ninguna inversión y, si se siente incómodo solo, alíese con un amigo o familiar. Lo ideal es que te juntes con alguien que esté tratando los mismos temas o que los conozca bien, para obtener un apoyo adicional.

Cuando hacemos ejercicio, el cerebro libera endorfinas, o sustancias químicas que nos hacen sentir bien, responsables del "subidón" que muchas personas sienten durante y después del ejercicio. Otro beneficio del ejercicio para las personas con depresión es que da sentido y estructura a cada día. Se ha demostrado que el ejercicio al aire libre es especialmente eficaz para levantar el ánimo.

El ejercicio regular puede ayudar a mantener un peso saludable, lo que puede ser un problema en las personas deprimidas. El ejercicio favorece el bienestar general, incluida la salud del corazón y un cuerpo tonificado y más musculoso. Los aspectos del ejercicio que consisten en soportar peso evitan que el cuerpo pierda masa ósea y disminuyen el riesgo de osteoporosis, un beneficio particular para las mujeres.

Las personas que sufren ansiedad pueden no estar interesadas en hacer ejercicio. Cuando alguien está abrumado por el estrés de la vida cotidiana, hacer ejercicio parece poco atractivo. Sin embargo, las investigaciones demuestran que el ejercicio desempeña un papel importante en la reducción de los síntomas de ansiedad.

Aunque se ha demostrado clínicamente que el ejercicio reduce la ansiedad y mejora el estado de ánimo, también puede tratar otros problemas de salud. Los problemas de salud pueden ser un importante desencadenante de la ansiedad y aliviar los síntomas de esas dolencias puede reducir aún más los síntomas de ansiedad.

Además, hacer ejercicio puede ayudar a la gente a relajarse. Cuando una persona hace ejercicio, su cuerpo libera hormonas que producen un efecto calmante. El ejercicio también aumenta la temperatura corporal, lo que puede ser muy relajante. Sudar es agotador, pero es una buena manera de calmarse.

Velocidad de la marcha

La marcha rápida, más conocida como marcha rápida o marcha de carrera, es una técnica para caminar a un ritmo rápido. La marcha es una gran alternativa a la carrera y a menudo es mucho más fácil y accesible para una mayor variedad de personas. La caminata proporciona todos los beneficios aeróbicos de la carrera a pie al tiempo que evita muchas de las lesiones asociadas a las técnicas de alto impacto de la carrera a pie. La actividad de caminar a un ritmo mayor que el de caminar "normalmente" puede ayudar a los participantes a perder peso, tonificar sus músculos y aumentar su estado de ánimo.

La marcha rápida no sólo es valiosa para los músculos y las articulaciones, sino que también refuerza la salud en general.

Estiramiento

Los estiramientos son algo que todo el mundo debería hacer con regularidad, y las personas con dolor de espalda crónico son las que más se benefician de los estiramientos de los músculos, ligamentos y tendones blandos de la columna vertebral y sus alrededores.

Es un hecho que cuando se limita el movimiento, la espalda se vuelve rígida, lo que puede provocar más dolor. Las personas que padecen dolor de espalda crónico deben estirarse con regularidad y realizar los movimientos de estiramiento adecuados para beneficiarse del alivio sostenido y a largo plazo que supone el aumento del movimiento.

Una de las principales recomendaciones para tratar el dolor crónico es hacer ejercicio con regularidad. El ejercicio ayuda a tratar diferentes tipos de dolor, desde la artritis, al poner el cuerpo en movimiento, hasta el estado de ánimo, cuando se sufre de la enfermedad de Crohn o la fibromialgia.

Yoga para el dolor crónico

El yoga puede definirse como una práctica basada en la armonización de la mente, el cuerpo y el alma. Practicando el yoga cada día, no sólo explorarás tu verdadero yo o tu interior, sino que también desarrollarás la sensación de que eres uno con la naturaleza y el entorno. El yoga ayuda al bienestar general del cuerpo y se centra principalmente en el desarrollo de la relación con el mundo natural que nos rodea.

En el dolor no sólo influyen las lesiones o enfermedades físicas, sino que también se ven muy afectados por nuestros pensamientos, ansiedad, traumas, estrés y emociones. El estrés y el dolor están estrechamente interrelacionados: puedes experimentar dolor cuando estás estresado y el estrés también puede aumentar la intensidad del dolor. Cuando aumenta el estrés, la respiración se vuelve más pesada, errática y agitada. Tu estado de ánimo también se ve alterado junto con cierta tensión y agarrotamiento de los músculos. Estos síntomas de dolor crónico pueden incluso aumentar las toxinas en el cuerpo y disminuir los niveles de oxígeno.

El yoga aborda estos problemas con eficacia, ya que implica las técnicas de respiración profunda y meditación, que ayudan a la absorción del oxígeno tan necesario y a la relajación de la mente y el cuerpo. Estas técnicas de respiración garantizan que los músculos de los pulmones, el diafragma, la espalda y el abdomen se utilicen plenamente. Cuando los músculos están sueltos y relajados, pueden ayudar a liberar la tensión acumulada en el cuerpo y facilitar el flujo adecuado de energía. Los niveles de estrés y ansiedad también se reducirán gradualmente.

El yoga, o los estiramientos simples, son prácticas sencillas que deben aplicarse a la vida cotidiana para reducir la tensión del estrés y mantener los músculos en buen estado de funcionamiento. Hay estiramientos específicos que pueden centrarse en zonas problemáticas como el cuello o la zona lumbar. Estos estiramientos pueden ser asignados por un entrenador personal, un masajista o un fisioterapeuta. El yoga puede disfrutarse en casa o en un estudio con otros participantes. Hay muchas formas de yoga, desde el hatha yoga hasta el hot yoga. El yoga se centra en el control de la respiración, la meditación, los estiramientos y el equilibrio. No todas las formas de yoga son espirituales, con cantos y mantras, si no te sientes cómodo con esa forma de práctica.

El ejercicio en general es bueno para el dolor crónico, pero algunos ejercicios específicos, especialmente ciertas posiciones de yoga, ayudan a disminuir algunos tipos de dolor, como el de hombros o el de cuello.

Además, las técnicas de relajación que aprenderá, pueden enseñarle a manejar los diferentes tipos de dolor crónico de manera más eficaz.

Si está pensando en probar técnicas de yoga para su dolor crónico, debe tener en cuenta el estilo de yoga que va a practicar.

Aunque todas las formas de yoga pueden ser beneficiosas para el cuerpo, la mente y el espíritu, ciertos ejercicios están dirigidos a personas que luchan contra el dolor crónico.

Existen múltiples posturas de yoga o asanas y se pueden utilizar diferentes posturas. Las personas con dolor crónico deberían empezar con una postura de yoga suave y de ritmo lento. Entre los beneficios del yoga se encuentran la mejora de la capacidad para manejar el estrés, la sensación de mayor relajación a lo largo del día y la mejora de la calidad del sueño. Los estudios han demostrado que el yoga es útil para prevenir la fibromialgia, entre otras condiciones de dolor crónico.

Terapia de masaje

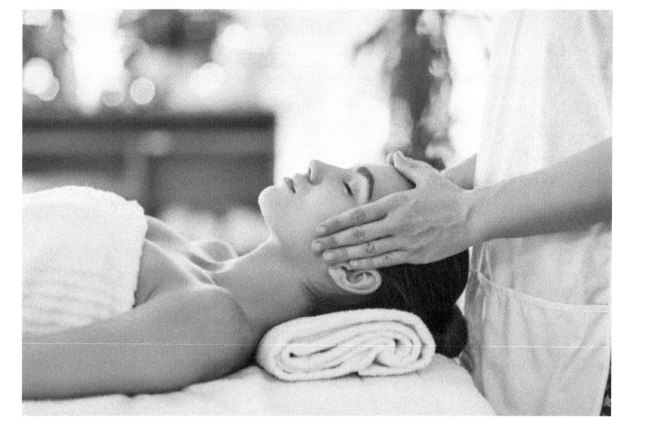

La terapia de masaje se ha vuelto abrumadoramente popular, y con razón; además de sentirse bien, tiene varios beneficios para la salud. La terapia de masaje es maravillosa para cualquier tipo de dolor, ya sea crónico, agudo o simplemente por la fatiga, el trabajo y la tensión. Hay varias terapias de masaje disponibles para satisfacer todo tipo de necesidades, como el shiatsu, el sueco, el de aceite caliente y el de tejido profundo.

El masaje también se ha utilizado como remedio natural contra la ansiedad desde hace mucho tiempo; puede ser tan sencillo como frotarse suavemente el cuello, pero sea como sea el masaje es una forma eficaz de calmar los nervios. Los beneficios de cualquier terapia de masaje son muchos, incluyendo el alivio del estrés, la relajación, la disminución de la presión arterial, la disminución de la tensión en los músculos y también mejora la respiración profunda. A lo largo del libro hablaré del masaje terapéutico como remedio natural para los trastornos de ansiedad, en este caso será una herramienta profunda y precisa.

Un masajista capacitado y entrenado sabrá exactamente qué hacer una vez explicado el problema del dolor. El masaje también hace maravillas con la fatiga y el estrés, que se sabe que aumentan el dolor y van de la mano de la artritis y otros dolores crónicos. También puede ayudar a calmar la ansiedad, que a menudo aflige a quienes padecen dolor crónico.

Si puede permitírselo, hágase un masaje con regularidad, semanalmente o incluso dos veces por semana. Los fisioterapeutas y quiroprácticos también ofrecen masajes terapéuticos, por lo que pueden estar cubiertos por el seguro médico.

También existen en el mercado masajeadores electrónicos que son una gran opción. Entre ellos se encuentran las unidades móviles, que son productos de masaje puntual que se dirigen al cuello o a zonas específicas. También hay unidades que se colocan en la silla y que ofrecen shiatsu para toda la espalda, muchas de ellas con opción de calor.

El beneficio más importante del masaje para la salud es que proporciona la sensación del tacto, que es fundamental tanto en el desarrollo de la primera infancia como en la salud general de los adultos. Los niveles de somatotropina, u hormona del crecimiento humano, se correlacionan directamente con la cantidad de contacto físico que se recibe.

El masaje también provoca la relajación del sistema nervioso. Uno de los mayores beneficios del masaje es que sienta muy bien, sobre todo si tienes dolor. Los nervios que llevan la información sobre la sensación del tacto al cerebro están más mielinizados que los nervios que llevan la información sobre el dolor, por lo que la información del tacto viaja más rápido que la del dolor. Por lo tanto, instintivamente se frota la piel alrededor de una zona dolorida; la sensación táctil ahoga temporalmente la sensación de dolor, y se obtiene un momento de alivio.

El masaje también sienta bien porque reduce temporalmente la tensión muscular. Presionar los músculos tensos los alarga de la misma manera que los estiramientos estáticos suaves y prolongados, y después de una hora más o menos de este alargamiento manual puedes levantarte sintiendo que tus músculos son de gelatina.

Si el masajista aplica una gran presión, el reflejo de estiramiento puede activarse inmediatamente, haciendo que te sientas tenso y dolorido poco después del masaje. Una buena regla general es que si sientes dolor durante un masaje, probablemente también sentirás algo de dolor después. Aunque puede resultar difícil o incómodo en el momento, es mejor pedir al masajista que presione con más suavidad que sufrir las consecuencias. No es necesario aplicar una cantidad dolorosa de presión para obtener los beneficios de un masaje. Además, si tienes dolor, un masaje profundo puede aumentar y prolongar el dolor al tensar los músculos.

Por último, el masaje ablanda temporalmente los tejidos conectivos, lo que aumenta la flexibilidad y la amplitud de movimiento. Los tendones, los ligamentos, la fascia (que rodea, sostiene y separa las estructuras del cuerpo) y el tejido cicatricial (que se forma para curar una lesión) están formados por fibras de colágeno dispuestas en diferentes patrones y densidades. Cuando los músculos se tensan habitualmente y el movimiento disminuye, los tejidos conectivos también responden tensándose. El movimiento y el calor pueden hacer que estas estructuras de colágeno sean más flexibles y fluidas.

Para las personas con dolor crónico, el aspecto más beneficioso del masaje puede ser que disminuye la tensión, reduciendo así la sensación de dolor y la reactividad del sistema nervioso. Sin embargo, un masaje por sí mismo no es suficiente para cambiar los movimientos habituales profundamente aprendidos o su nivel de tensión muscular en reposo. La conciencia sensorial que puede obtenerse con el masaje es valiosa, pero si no va seguida de una educación motriz real en forma de movimiento voluntario, los progresos serán poco duraderos. Hay que reeducar activamente el sistema nervioso, y eso no se consigue sólo con el masaje.

Equilibrio cerebral

En primer lugar, debes asegurarte de que tu cerebro está equilibrado. Sin un sistema nervioso equilibrado, tus esfuerzos por eliminar el dolor crónico serán inútiles. Muchas cosas pueden causar desequilibrios cerebrales. Las más comunes son las lesiones en la cabeza y la exposición a la radiación electromagnética de los dispositivos inalámbricos personales. Las cosas que aumentan los factores de riesgo de desequilibrio cerebral incluyen:

- Uso de dispositivos Bluetooth y teléfonos móviles, walkie talkies, uso de ordenadores de sobremesa y portátiles e iPads.

- Comer alimentos procesados que tienen GMS.

- Consumir bebidas con edulcorantes artificiales y beber agua fluorada.

- Llevar una vida estresante.

- No dormir lo suficiente y con calidad.

Equilibrio cerebral mediante afirmaciones

Los estudios demuestran que cuando la glándula del timo está equilibrada, ambos hemisferios del cerebro también se mantienen equilibrados y sirven para disminuir el dolor crónico. Lo bueno de las afirmaciones es que no te cuestan nada; sólo debes repetir las afirmaciones regularmente a lo largo del día para mantener tu cerebro en equilibrio. Es necesario "sentir" las palabras para obtener todos los beneficios. A continuación se presenta una lista de afirmaciones diarias:

- Tengo fe, gratitud, confianza, amor y valor.

- Soy modesto, humilde y tolerante.

- Soy limpio y bueno, merezco ser amado.

- Estoy contento y tranquilo.

- Tengo el perdón en mi corazón.

- Mi energía vital es alta, la vida está llena de amor.

Música para equilibrar el cerebro

La música de equilibrio cerebral fomenta un sistema nervioso equilibrado y equilibra ambos hemisferios del cerebro. La música de equilibrio cerebral utiliza tres métodos coordinados: los "sonidos primordiales", la "inducción de ondas cerebrales" y la "música multicapa" para llevar la mente y el cuerpo a un estado profundamente relajado y equilibrado. Hay que escuchar la música a diario para mantener el equilibrio cerebral, que es crucial para la salud y la curación del dolor crónico.

Evite los alimentos transgénicos

Los OMG u organismos modificados genéticamente se han introducido en nuestras dietas durante la última década. En el momento de escribir este artículo, los alimentos OGM no están etiquetados en los EE.UU. Por lo tanto, el estadounidense medio está consumiendo inconscientemente aceite de canola, azúcar, remolacha, maíz, soja y aceite de semilla de algodón ricos en OGM. Los alimentos OGM pueden causar todo tipo de problemas gastrointestinales, alergias, aumento de peso y problemas inmunológicos. Evitar los alimentos OGM puede reducir o incluso eliminar muchos problemas de salud, incluido el dolor crónico.

Técnicas de liberación emocional

Esta increíble técnica trata rápidamente todo tipo de dolor emocional y tiene infinidad de aplicaciones. EFT existe desde hace bastante tiempo y ahora se utiliza en muchos hospitales y unidades psiquiátricas de todo el mundo por psicólogos y psiquiatras profesionales que siguen obteniendo resultados muy positivos con el dolor emocional severo y el trauma.

No hay duda de que las emociones fuertes pueden ser muy dolorosas y ahora se reconoce que la emoción sigue al pensamiento. Por ello, los psiquiatras se pasan años hablando de los traumas y tratando de descubrir los desencadenantes y los pensamientos que provocan los malos sentimientos, la depresión, las fobias y cosas por el estilo.

EFT es una gran manera de tratar todos los miedos aunque tendrás que ser minucioso. Mira realmente todos los diferentes aspectos de ese miedo y trata cada uno con una declaración de apertura muy específica.

La Técnica de Liberación Emocional (EFT) o tapping requiere que se den golpecitos en puntos específicos de acupresión en el torso, las manos y la cabeza con el fin de eliminar los bloqueos energéticos causados por las emociones y los sentimientos negativos.

Lo que se hace es golpear ligeramente en cada uno de ellos. Te acostumbras a hacer esto muy rápidamente, y cuando has estado usando EFT por un tiempo puedes hacer unos pocos golpes aquí y allá, tal vez en la clavícula o debajo del ojo, para un alivio rápido.

Por lo general, el tapping consta de dos etapas. En la primera etapa se hace tapping para expresar las emociones negativas. Esta etapa del tapping durará si tienes una carga emocional, el tapping continuo hará que esa carga baje a un nivel mínimo.

La segunda etapa incluye reencuadrar la condición positivamente, donde eliges una emoción o pensamiento positivo para reemplazar los negativos. Lo bueno es que no puedes hacer tapping incorrectamente; tu intención es suficiente para que funcione correctamente. Incluso sin golpear los puntos de acupresión correctos, liberarás la energía negativa de tu cuerpo.

Chapter 11. Instrucciones paso a paso para fortalecer su nervio vago para mejorar todo su cuerpo

La vía vagal es un conjunto de nervios que se conecta con el cerebro y dirige numerosos órganos del cuerpo: el corazón, los pulmones, el intestino, el hígado, etc.

El medicamento actual considera que los órganos singulares son la zona de la enfermedad y no tiene en cuenta el modo en que su mente y su sistema sensorial dan instrucciones a sus órganos. Sus órganos normalmente envían un control de estado a su cerebro a través del nervio vago para dar cuenta de cómo van las cosas.

Es un camino de ida y vuelta. Cuando todo funciona bien, el cerebro sigue trabajando como siempre. En el momento en que un órgano está luchando, puede dirigirse a tu cerebro para obtener más activos. En el momento en que es la oportunidad ideal para que tu cuerpo se ponga en marcha, el nervio vago transmite la señal de tu cerebro a tus órganos para que se retiren.

Para asegurar que nada se pierda en la interpretación, su nervio vago debe estar en solicitud de trabajo. Su mente y sus órganos dependen de sus vías vagales para controlar cosas como:

- Hormonas de anhelo e ingesta de alimentos

- Inflamación

- Nerviosismo y lucha o huida

- La respuesta segura

Dado que los nervios vagos están asociados a muchas cosas, deben funcionar adecuadamente. Siga leyendo para descubrir cómo puede reforzar su nervio vago utilizando el acondicionamiento vagal.

Es un tópico, pero respira hondo

Hay una asociación entre la respiración y el pulso, que se ajusta por el nervio vago. Esa es la razón por la que la práctica ordinaria del yoga disminuye en gran medida el estrés.

La respiración de yoga y las actividades de respiración guiada, calman el pulso y reducen la presión arterial. Las actividades de respiración ampliaron el tono vagal y supervisaron con éxito la prehipertensión en un grupo exploratorio.

En un examen, las actividades de respiración lenta mejoraron las capacidades autonómicas de los miembros sanos. La respiración rápida no lo hizo. Eso es porque la respiración rápida hace que tu cuerpo crea que estás huyendo de los depredadores. Eso pone en marcha las alertas de tu cuerpo e inicia una reacción de presión.

Respiración de la caja para la s.o.s.

En caso de que estés aterrorizado o vayas a explotar, intenta relajarte en la caja.

1. Inspira para una comprobación de cuatro.

2. Espera para una comprobación de cuatro.

3. Exhala para una comprobación de cuatro.

4. Siéntese bien para una comprobación de cuatro.

5. Repite hasta que tus manos vuelvan a estar en los controles.

Un par de veces primarias, siga su dedo en un ejemplo cuadrado notable alrededor. Te ayudará a recordar cómo hacerlo cuando estés fatigado.

El lento desarrollo de los pulmones indica a su corazón que se detenga, lo que envía un sentimiento de tranquilidad a través de todo su sistema sensorial. Su nervio vago asocia la totalidad de este abanderamiento y descarga acetilcolina, un sintético tranquilizante del que puede darse una dosis siempre que haga sistemas de relajación.

Relájate, LITERALMENTE

La aclimatación al virus condiciona la reacción del vago, que facilita la actuación del sistema sensorial reflexivo. Los impactos habituales del virus disminuyen cuantitativamente los marcadores de presión. La presentación del frío calmó las indicaciones de tristeza y malestar tal vez equilibradas por el nervio vago.

Vigorizar las vías vagales anima la digestión. Cuando la absorción de los roedores se redujo debido a la tensión, la introducción del frío volvió a activar los nervios gástricos y puso todo en movimiento de nuevo. Todo ocurrió a través de las vías vagales.

Mantenga su intestino feliz

¿Has conocido alguna vez el pivote intestino-cerebro? Eso alude a los microorganismos de tu estómago relacionados con el marco que habla con tu mente.

Tu microbioma es el sistema biológico de microorganismos bien dispuestos en tu cuerpo y en tu piel. Normalmente, cuando alguien habla del microbioma, se refiere a los microorganismos del tracto digestivo y del colon.

A medida que avanza el estudio del microbioma, los investigadores establecidos investigan un número cada vez mayor de formas en que el microbioma influye en todo el cuerpo. La investigación sobre la asociación entre el microbioma y el temperamento se está extendiendo, y la correspondencia entre el intestino y la mente se basa en - choque - el nervio vago.

Las concentraciones en modelos de criaturas y personas refuerzan la posibilidad de que un microbioma floreciente controle la tensión y mejore el estado de ánimo. Una parte de la exploración analizó este impacto con y sin un nervio vago intacto, para comprobar si las vías vagales tienen algo que ver.

Las ratas que mejoraron con cepas específicas de probióticos demostraron una disminución en los indicadores de malestar y desánimo, sin embargo no en las criaturas cuyos nervios vagos fueron cortados antes del experimento.

Los especialistas ven los impactos útiles de los probióticos en el temperamento en los seres humanos. Las mujeres sanas que comieron alimentos de edad durante aproximadamente un mes demostraron cambios positivos en el movimiento de la mente, especialmente en las piezas del cerebro que controlan el sentimiento y la sensación De la criatura examina, y de lo que los investigadores piensan sobre el nervio vago a partir de ahora, se puede hacer una conjetura fuerte que la correspondencia intestino-mente aquí se produce a través del nervio vago.

Un enfoque ideal para ayudar a su vegetación intestinal es obtener una prueba completa del microbioma como Viome. Viome es un paquete de prueba en casa que se utiliza para perfilar su microbioma de manera efectiva, y después, se obtienen propuestas dietéticas personalizadas para traer de nuevo en el equilibrio.

Descubra sus señales de seguridad

El maestro del nervio vago, el Dr. Stephen Porges, construyó la teoría polivagal (más sobre esto en una escena de Bulletproof Radio), que difunde una especie de procedimiento de elección que decide si actúa la batalla o la huida. Usted no es consciente de este procedimiento - todo ocurre fuera de la vista, y varias partes del nervio vago actúan debido a diversas circunstancias.

En el momento en que experimenta una mejora alarmante, la capa principal que debe atravesar es la que reacciona a la correspondencia social: el lenguaje verbal, la comunicación no verbal, el tono vocal y otras señales no verbales. Si la mejora es demasiado sólida incluso para considerar el razonamiento, su mente inicia la reacción de batalla o huida. En el momento en que esto no funciona, la reacción de pavor más cruda es fingir la inconsciencia: sentirse solidificado.

En el momento en que te das cuenta de que tu miedo es irrazonable, puedes utilizar indicaciones de bienestar para detener la alarma en la capa principal y evitar que tu cerebro encuentre una reacción de ritmo o huida viable. Aquí hay algunas cosas que puedes intentar.

Utilizar voces tranquilizadoras

En su encuentro en Bulletproof Radio, Stephen Porges aclara una forma de diseñar esta maravilla en los niños. Los jóvenes se tranquilizan de forma cuantificable con la charla prosódica (cantarina), también llamada "de las madres". Las escuelas Waldorf entrenan a los instructores para que adopten este tono para mantener una sala de estudio tranquila y alegre. Si has visitado tu zona de juegos local en la primera parte del día, lo habrás visto en la vida real.

Modificar el tono del discurso también funciona para los adultos. Las reflexiones guiadas, ya sean cara a cara o grabadas, reciben un tono de habla moderado y musical. Utilizar la voz como señal de relajación persuade a tu cerebro a un estado casual más rápido de lo que lo haría un tono de conversación ordinario.

Entrene sus señales de seguridad

Con un poco de práctica, puedes preparar tu psique para tener una sensación de seguridad. Las señales de bienestar evitan que tus reacciones de pavor y tensión se pongan en marcha.

Un enfoque para hacer esto es hacer tu "lugar protegido" o "lugar optimista" mientras estás tranquilo. Para ello, imagina que estás en un lugar en el que estás tranquilo y te sientes satisfecho y en calma. Utiliza tantos datos tangibles como puedas: imagina las vistas, los olores, los sonidos, etc.

Practica esta representación con frecuencia. De este modo, cuando empieces a sentirte mal o enfadado, podrás poner en marcha el "punto protegido" sin mucho esfuerzo. Estará ahí cuando lo necesites.

Trata con TU MYELIN

Su nervio vago es mielinizado, lo que implica que está envuelto en una cubierta defensiva de grasa que lo protege y permite que las señales pasen efectivamente. En el momento en que la mielina de cualquier nervio se separa, el nervio no se llena también. Lee este artículo para saber cómo adorar tu mielina.

Estimulador eléctrico de las venas del conducto respiratorio, precisamente implantado

El nervio vago inicia el marco insusceptible cuando se está luchando contra algo. Los médicos utilizan esta información para el tratamiento vigorizando el nervio vago con energía y productos farmacéuticos para tratar los trastornos provocativos. Los médicos incrustan precisamente los activadores eléctricos del nervio vago en pacientes con epilepsia extrema o desaliento, ya que mangonea la respuesta de agravación.

PUEDES TONIFICAR EL NERVIO VAGO DE TU BEBÉ

En el tono vagal del bebé intervienen algunos elementos. Los niños que vienen al mundo de forma intempestiva o que son hijos de madres que tuvieron desánimo y malestar durante el embarazo tienen un tono vagal bajo.

Si has experimentado algunas cosas durante el embarazo, no te estreses. Puedes ayudar a tonificar las vías vagales de tu hijo con las típicas prácticas de sostén y cuidados de cariño.

Las duchas frías deberían aguantar hasta que el niño sea lo suficientemente maduro como para consentirlo. Durante los años de lactancia, el roce de la espalda del niño recién nacido y el cuidado tipo canguro (sostener al bebé piel con piel) ayudan a desarrollar el tono vagal de los niños. Si sus hijos ya han pasado la etapa infantil, puede trabajar con ellos en una parte de los enfoques adultos para acondicionar el nervio vago, como los procedimientos de respiración y los impactos fríos en la ducha.

Un masaje en la espalda, una clase de yoga, y un par de momentos de la piel de gallina en la ducha son presumiblemente justificado, a pesar de todos los problemas pensando en que las ventajas de acondicionamiento del nervio vago se extienden a cada órgano significativo en su cuerpo y la espalda. Para más enfoques para ayudar a todo su marco, de la cabeza a los pies, pop sus datos en la caja de abajo, para que no se pierda nada.

¿Existe un papel para la estimulación del nervio vago en el tratamiento del trastorno de estrés postraumático?

El trastorno de estrés postraumático (TEPT) se crea en personas que han sufrido una lesión y que posteriormente languidecen con problemas o debilitamiento práctico durante varios meses. Los efectos secundarios incorporan sentimientos de reencuentro con el horrendo percance, alejamiento de los indicios de la lesión, nerviosismo y excitación elevados, y contemplaciones o emociones negativas. Los sucesos cataclísmicos en curso, los tiroteos masivos, las agresiones psicológicas de militantes y las zonas urbanas atacadas se suman al peso mundial del TEPT que, como indica un informe reciente, influye en el 4-6% de la población mundial, aunque la mayoría de las lesiones se identifican con percances y salvajismo sexual o físico. Sorprendentemente, no existe una solución conocida, y los medicamentos de flujo no son convincentes para todos los pacientes. Una reunión de trabajo sobre psicofarmacología del TEPT distribuyó recientemente su articulación de acuerdo pidiendo una actividad rápida para abordar la emergencia en el tratamiento del TEPT, refiriéndose a tres preocupaciones significativas. En primer lugar, sólo dos medicamentos (sertralina y paroxetina) están autorizados por la FDA estadounidense para el tratamiento del TEPT. Estas prescripciones disminuyen la gravedad de la manifestación; sin embargo, puede que no proporcionen una disminución total de los efectos secundarios. La preocupación posterior se identifica con la polifarmacia. A los pacientes con TEPT se les recomiendan medicamentos para tratar cada una de sus numerosas indicaciones únicas y variadas, como la tensión, los problemas para descansar, los trastornos sexuales, el abatimiento y el tormento constante, con exámenes experimentales inadecuados de las colaboraciones de los medicamentos. La alta comorbilidad entre el TEPT y la dependencia da más dificultades a las farmacoterapias. La tercera preocupación importante es la ausencia de avances en el tratamiento del TEPT; no se han aprobado nuevos fármacos desde 2001.

Más allá del alivio de las indicaciones, la forma centrada en la lesión de "más alto nivel" para tratar la patología del TEPT es el tratamiento basado en la presentación, en el que se presenta a los pacientes los indicios de la lesión hasta que descubren cómo conectar estos indicios con la seguridad. Aunque hay pruebas aceptables de la idoneidad de esta metodología, no todos los pacientes reaccionan completamente al tratamiento. El tratamiento de exposición se basa en la manera de sofocar el recuerdo de miedo adaptado, que es abrumado por otro recuerdo que se crea a través de exposiciones repetidas. Los pacientes con problemas de malestar y TEPT muestran discapacidades en su capacidad para sofocar los sentimientos de miedo moldeados, lo que podría añadirse al avance de los coágulos y puede entorpecer el progreso en el tratamiento. Dado que el recuerdo de la lesión no se pierde en ningún caso, más bien, las mejoras a través del tratamiento se basan en las afiliaciones recién aprendidas que las afiliaciones rivales horribles, la paridad de los dos recuerdos puede moverse después de algún tiempo, provocando retroceso. Diferentes dificultades recuerdan el problema para percibir y apagar la aprehensión de cada una de las mejoras moldeadas, y una alta tasa de abandono, que no es sorprendente dado que la evasión es uno de los efectos secundarios del TEPT.

Numerosos laboratorios de investigación de criaturas han presentado intentos de crear medicamentos adyuvantes para acelerar o mejorar los impactos de los tratamientos basados en la presentación. El trabajo de vanguardia realizado por Michael Davis indicó que la organización de la medicación mejoradora psicológica d-cicloserina antes de presentar roedores a signos adaptados no reforzados mejoró la aniquilación, y él y sus asociados a lo largo de estas líneas descifraron la revelación cuando encontraron que la d-cicloserina, además, mejoró los impactos del tratamiento de presentación en pacientes con miedos explícitos. No obstante, los efectos posteriores de los estudios que analizan los impactos de los potenciadores psicológicos como subordinados al tratamiento de presentación se mezclan a causa del TEPT. Una posible aclaración es que los medicamentos administrados antes de las sesiones de tratamiento de presentación corren el riesgo de fortificar las afiliaciones negativas si la presentación produce malestar. Los medicamentos ansiolíticos se han intentado debido a la prueba de que estos medicamentos deberían mejorar la decencia y disminuir la reacción de nerviosismo durante la introducción. En cualquier caso, los resultados muestran que los medicamentos ansiolíticos no mejoran los impactos del tratamiento de introducción. Una aclaración es que la reacción de intranquilidad es necesaria para el logro en el tratamiento de la presentación ya que los pacientes deben aprender a no temer su reacción de miedo.

Por otro lado, de forma similar, como el estrés puede mejorar la capacidad de accidentes horrendos, la reacción de nerviosismo puede mejorar la solidificación de la memoria de erradicación. Previsiblemente, los medicamentos ansiolíticos, en general, dificultan la unión de la memoria. Un complemento perfecto aprovecharía los sistemas que mejoran la consolidación de los recuerdos horribles para hacer avanzar los recuerdos de erradicación que son igual de sólidos, al mismo tiempo que se evita o se evita la reacción de presión aversiva.

Las pruebas en desarrollo proponen que la estimulación del nervio vago (ENV) podría ser una ventaja adicional a los tratamientos basados en la introducción a través de su mejora explícita de la unión de la memoria y la flexibilidad neural. El entusiasmo por el nervio vago (el décimo nervio craneal) como neuromodulador tiene su origen en una larga serie de investigaciones que demuestran que el nervio vago actúa como andamio entre el sistema sensorial autónomo y el cerebro. Señala al cerebro durante los momentos de elevada acción reflexiva, adelantando la rápida acumulación de recuerdos que son significativos para la resistencia. Como componente del sistema nervioso parasimpático, el accionamiento del nervio vago neutraliza la reacción de presión pensativa.

La ENV mejora la memoria en ratas y personas, proponiendo que la mezcla de la ENV con la presentación no reforzada a señales adaptadas puede mejorar la solidificación de la memoria de terminación. Fieles a esta especulación, encontramos que la ENV mejoró la eliminación del miedo moldeado en ratas. Una amplia prueba demuestra que la ENV avanza la flexibilidad neural, particularmente cuando se combina con la preparación, y este impacto incluye el ajuste de la ENV del marco noradrenérgico del locus coeruleus. Hemos observado los impactos de la versatilidad en la erradicación relacionada con la corteza prefrontal infralímbica - la vía de la amígdala basolateral a raíz de la combinación de VNS con una introducción a los signos adaptados no reforzados, proponiendo que la aniquilación mejorada por VNS podría ser vigorosa, confiable y menos indefensa a la reincidencia. En un informe en curso, encontramos que el SNV mejoró adicionalmente la erradicación del pavor adaptado en un modelo de roedor de TEPT. Estos roedores expresan una cantidad considerable de los biomarcadores y fenotipos sociales que están relacionados con el TEPT y, críticamente, son impermeables a la terminación del miedo adaptado. Descubrimos que la organización del SNV durante las sesiones de eliminación daba la vuelta a esta incapacidad de erradicación y preveía la llegada del miedo. Los roedores tratados con VNS también obtuvieron mejores resultados en las pruebas de tensión, excitación, evasión y cooperación social de varias semanas después, lo que demuestra que la inversión de la discapacidad del término significaba mejoras en otras manifestaciones del TEPT.

Además, el SNV interminable y no emparejado, como se utiliza en el tratamiento de la epilepsia y la miseria, mejoró la ejecución en la Escala de Ansiedad de Hamilton en ciertos pacientes con problemas de inquietud, y disminuyó el nerviosismo como conducta en ratas. Los impactos de VNS en la aniquilación en nuestros exámenes no se ven cuando el VNS se controla 30 min a 1 h en la estela de la preparación. En consecuencia, la ENV por sí sola no es adecuada para disminuir la reacción de pavor. Estos descubrimientos proponen que el VNS puede disminuir el nerviosismo, sin embargo el ajuste de la versatilidad explícita y la memoria es esencial para la actualización de la erradicación. Nuestros descubrimientos en curso, no publicados, demuestran que los roedores están obligados a investigar los brazos abiertos de un elevado además de laberinto después de aceptar VNS, recomendando que VNS produce un intenso impacto ansiolítico. Además, los niveles de corticosterona se expandieron por completo en los roedores tratados con bromas tras las pruebas en el laberinto elevado además de, sin embargo, tal expansión no se observó en los roedores tratados con VNS. Este trabajo debe ser reproducido en diferentes entornos, sin embargo, es un movimiento inicial de empoderamiento hacia el reconocimiento de un tratamiento de ayuda que puede mejorar la capacidad de paso y la viabilidad en los tratamientos basados en la presentación.

Chapter 12.   Conclusión:

Tu dieta va a facilitar casi todo en tu cuerpo. Si su cuerpo no tiene los nutrientes que necesita, no será capaz de funcionar correctamente, y se encontrará con que no consigue producir la estimulación y el tono adecuados que necesita. Debes asegurarte de que tu nervio vago tiene el apoyo que necesita para sostener todo tu cuerpo si quieres ser capaz de confiar en él, y eso vendrá principalmente de la dieta.

Descubrirá que los ácidos grasos omega-3 serán una gran adición a su dieta. Esto no sólo es saludable para su cerebro; también es bueno para sus nervios. Le ayudarán a facilitar todo tipo de conexiones neuronales saludables que permitirán que el nervio vago funcione de la forma en que se supone que debe hacerlo. Puede intentar añadir pescado graso a su dieta para ayudar a satisfacer esta necesidad, por ejemplo, puede optar por comer salmón o atún. Sin embargo, tenga en cuenta que los mariscos pueden venir a menudo acompañados de mercurio, así que intente comer pescado con menor contenido de mercurio siempre que pueda.

Además, querrá comer una amplia gama de alimentos tan a menudo como pueda. Querrá asegurarse de que está comiendo frutas y verduras saludables para ayudar a la digestión y apoyar a su cuerpo correctamente. Cuando comes muchas frutas y verduras, especialmente las fibrosas, estarás apoyando directamente a tus bacterias intestinales, dándoles la nutrición adecuada que necesitan para funcionar. Más allá de eso, todo el mundo debería comer un arco iris todos los días: intenta asegurarte de que los alimentos que comes cubren todo el espectro de colores para una digestión y una salud óptimas.

En esa misma línea, debes asegurarte de que apoyas al nervio vago asegurándote de que tienes bacterias intestinales sanas. Recuerde, el nervio vago se ocupa principalmente de esta área del cuerpo: es responsable de asegurarse de que usted está recibiendo los alimentos que necesita, y sus bacterias intestinales lo alterarán. Las bacterias del tracto digestivo juegan un papel más importante que el de digerir los alimentos, también crean neurotransmisores, y se ha descubierto que la ansiedad y la depresión pueden estar relacionadas con un mal equilibrio de las bacterias intestinales. Si te das cuenta de que tus bacterias intestinales están fuera de lugar, probablemente estés sufriendo problemas digestivos o hayas notado que tu estado de ánimo no es el que solía ser. No importa la razón o el motivo por el que te sientas así, es importante que te detengas a pensar que tal vez deberías intentar tratar el intestino con probióticos.

Es conveniente encontrar probióticos ricos en lactobacillus Rhamnosus y Bifidobacterium Longum. Se ha descubierto que estas dos cepas de bacterias mejoran la función del nervio vago y reducen la producción de la hormona del estrés en los animales. Si se asegura de tomar un probiótico de forma regular, es probable que vea una mejora en su estado de ánimo.

El ejercicio es otro paso crucial para garantizar que el nervio vago se mantenga sano. El nervio vago está conectado a casi todos los órganos vitales. Inerva el corazón y los pulmones, que se ejercitan cuando usted hace ejercicio. Esto significa que, de forma natural, estás entrenando tu nervio vago al mismo tiempo. Cuando utilices tu nervio vago con regularidad, verás que empiezas a ver esos cambios de comportamiento que necesitas. Cuando haces ejercicio, tonificas tu corazón, tu respiración e incluso tu nervio vago.

Cuando quieras ejercitar el nervio vago, querrás buscar ejercicios que estiren los músculos del pecho y del abdomen para fortalecer directamente el nervio vago a través de la estimulación directa, o querrás utilizar el ejercicio cardiovascular para hacer que el corazón bombee y la sangre se mueva. Si lo haces con regularidad, el nervio vago tendrá que activarse regularmente. Puedes ver que el nervio vago se activa más, así como el tiempo que tarda tu cuerpo en recuperarse de este estrés empieza a disminuir rápidamente. Debido a que se acostumbrará a activarse con regularidad, encontrará que comúnmente está creciendo más fuerte y más activo en general, lo cual es una buena noticia para usted. Cuanto más fuerte sea su nervio vago, mejor será su regulación emocional y su salud.

Por último, vamos a analizar las relaciones sociales y el nervio vago. Cuando te relacionas con otra persona, tu nervio vago ya está activo. Está activando el sistema de compromiso social, la parte de tu cerebro que está totalmente interesada en interactuar más con los que te rodean. Cuando activas esta parte de tu cerebro, sueles encontrarte más tranquilo en general. Literalmente, estarás activando la actividad del modo "atender y hacer amigos" de tu cerebro. Esto es importante: cuando observas esta parte del cerebro, empiezas a darte cuenta de algo: estás utilizando tu nervio vago.

Esto tiene sentido. Si tenemos en cuenta que el nervio vago pasa por la cara, y que el nervio vago facilita la regulación emocional, podríamos pensar que está fuertemente relacionado con lo mucho o poco que se quiere socializar con otras personas. Cuando activas este sistema dentro del cerebro, te sientes más feliz al trabajar con otras personas. Estás abierto a la comunicación y es más probable que estés sonriendo y feliz en general.

Sin embargo, lo interesante es el hecho de que muchas actividades sociales también activan el nervio vago. Una buena y larga carcajada con otra persona también activará el nervio vago. Lo hace a través de varios métodos diferentes. En primer lugar, hay que tener en cuenta que la risa es ruidosa. Cuando te ríes con otra persona, es probable que te rías más profundamente y más fuerte. La risa también te obliga a respirar profunda y profundamente, lo que también hace intervenir al nervio vago. Sin embargo, más allá de eso, también verás que sonríes. Sonreír es otra forma de activar el nervio vago, ya que inerva todos esos músculos.

Esencialmente, basta con ser social con otras personas para estimular el nervio vago y ponerlo en acción. Cuando lo hagas, verás que es mucho más probable que facilites que crezca más sano y fuerte.

Como puedes ver, hay varias opciones de vida diferentes que puedes hacer que apoyarán el desarrollo del nervio vago. Cuando tienes una vida social sana, es mucho más probable que te rías con regularidad. Es mucho más probable que sonrías y facilites una buena y fuerte respuesta de compromiso social. Cuando comes bien y usas probióticos, te aseguras de que tienes la microbiota adecuada para ocuparte de lo que tu cuerpo necesita hacer, así como para asegurarte de que estás obteniendo todo tipo de buenos neurotransmisores producidos dentro de tu cuerpo. Cuando te paras y te aseguras de que estás haciendo ejercicio, también entrenas directamente a tu nervio vago.

Sin embargo, más allá de entrenar el nervio vago, puedes notar que las cuatro opciones que puedes tomar también facilitarán un estilo de vida más saludable en general. Estarás más sano física y mentalmente, no sólo por el nervio vago, sino también porque has tomado las decisiones saludables que tu cuerpo necesitaba.

Lightning Source UK Ltd.
Milton Keynes UK
UKHW030957170621
385673UK00006B/522